COLECCIÓN FII
Fernando Proto

MW01171094

.)

Fernando Proto Gutierrez

EL PLURALISMO FALIBILISTA Y COMPROMETIDO

TOMO I – SECCIÓN I – PARTE II
SÍNTESIS SISTEMÁTICA DE LA FILOSOFÍA
PRAGMATISTA DE RICHARD BERNSTEIN

COORDINACIÓN EDITORIAL
Agustina Issa

REVISIÓN DE ESTILO Y CORRECCIÓN
N. L. La Ferraro

COEDICIÓN INTERNACIONAL
Buenos Aires - México

Proto Gutierrez, Fernando
El pluralismo falibilista y comprometido. Buenos Aires, México:
Arkho Ediciones, Revista y Casa Editorial Analéctica, 2024. 96 pp.;
15.24 x 22.86 cm. – (Filosofía Intercultural de la Liberación, T1, S1, P2)

ISBN: 979-833-58-3017-1
CDD: 501

Primera edición: julio de 2024
Distribución mundial

Arkho Ediciones – www.arkhoediciones.com
Casa Editorial y Revista Analéctica – www.analectica.org

ÍNDICE

Nota del autor

El pluralismo falibilista y comprometido sistematiza los aportes más relevantes del filósofo norteamericano Richard Bernstein, en vistas de pensar en la posibilidad reconstructiva de la historia de la ciencia desde una perspectiva tal que se desestimen las reducciones fundacionalistas. El abordaje de las categorías conceptuales seleccionadas intenta conservar la complejidad y conflictos que suscita el propósito bernsteiniano de actualizar los temas comunes del pragmatismo clásico, a la vez que pretende servir de insumo marco-conceptual para la lectura estructurada y crítica de historiografías reductivas de la ciencia.

Es libro se estructura a través de cuatro capítulos, de los que los dos primeros constituyen aproximaciones generales a la vida académica y propósitos temáticos de la obra de Bernstein, mientras que los dos restantes consisten en una especificación categorial mayor, en particular, en lo referido al falibilismo y al pluralismo. Se ha intentado lograr un grado satisfactorio de exhaustividad, seleccionando las obras del filósofo en las que éste explícitamente se hubiera referido a problemas de epistemología general e historia de la ciencia, con lo que se ha excluido toda aquella bibliografía relacionada con asuntos más bien propios de la ética.

Este libro, por último, complementa la sistematización propuesta en el TOMO I – SECCIÓN I – PARTE I, al comprenderse el pragmatismo bernsteiniano como una aproximación teórico-crítica respecto de las tradiciones epistemológicas hegemónicas en el mundo anglosajón y sus derivas coloniales.

Agradecimientos

Esta *ahora* obra autónoma fue, en primer lugar, el marco teórico de mi tesis doctoral titulada *Praxis comunitaria de deliberación crítica sobre la hipótesis antropogénica de Florentino Ameghino (1875-1950)* y, por tanto, fue revisada por el Dr. Claudio Cormick.

CAPÍTULO I
El pragmatismo de Richard Bernstein

1. Consideraciones generales

1.1. *Cuestiones generales:* el *pragmatismo* es un movimiento filosófico originado en los Estados Unidos durante el último cuarto del siglo XIX y se sustenta en la llamada "máxima pragmatista", formulada por Charles Peirce (1839-1914), según la cual *el significado de una proposición se halla en sus consecuencias prácticas*. El término fue popularizado por William James (1842-1910), quien lo utilizó durante un discurso en 1898 titulado "Concepciones filosóficas y resultados prácticos", pronunciado en la Universidad de California (Berkeley). La tercera figura importante en el movimiento pragmatista clásico es John Dewey (1859-1952), cuyos amplios escritos tuvieron un impacto considerable en la vida intelectual norteamericana, en debates sobre educación y política democrática.

En el siglo XX ha habido un resurgimiento en el interés por el pragmatismo en autores llamados neopragmáticos, tales como Richard Rorty, Hilary Putnam, Nicholas Rescher, Jürgen Habermas, Susan Haack, Robert Brandom y Cornel West. Así, Richard Bernstein pertenece a este grupo de filósofos contemporáneos que se han interesado en el problema pragmatista, actualizando los debates.

1.1.1. *Vida académica de Richard Jacob Bernstein*: la reconstrucción biográfica de la vida académica de Richard Bernstein se realiza a partir de los trabajos de Roberto Frega & Giovanni Maddalena (2014), en su entrevista al filósofo "Interview with Richard J. Bernstein", publicada en la *European Journal of Pragmatism and American Philosophy*; así también, se tuvo en cuenta la síntesis realizada en *The Dictionary of Modern American Philosophers* (Shook, 2005) y la propia autobiografía de Bernstein (2007) "The Romance of

Philosophy", publicada, primero en *Proceedings and Addresses of the American Philosophical Association*, y en forma posterior en *Pragmatic Encounters* (2016).

Este cap., se estructura a partir de la esquematización de tres períodos en la vida académica del autor: 1.1.1.1. *Formación e iniciación filosófica* (1949-1958): 1.1.1.2. *Docencia y diálogos filosóficos* (1958-1989): 1.1.1.3. *Giro pragmático.*

1.1.1.1. *Formación e iniciación filosófica (1949-1958)*: Richard Bernstein, el menor de tres hermanos, nació el 14 de mayo de 1932 en Brooklyn, en el seno de la segunda generación de una familia de inmigrantes polacos judíos. Experimentó, según su autobiografía "un despertar intelectual" (Bernstein, 2016, p.14) en Midwood High School, una de las escuelas secundarias públicas más destacadas de Nueva York. Al finalizar sus estudios, era joven aun para ser reclutado y combatir en la Segunda Guerra Mundial –evento en el que muere su hermano mayor– por lo que se matricula en la Universidad de Chicago, aplicando en el período 1949-1951 a un plan de estudios liberales para estudiantes avanzados, estructurado en torno a un curso interdisciplinar de filosofía e historia de la ciencia occidental, dictado por Joseph Schwab: "From the time I arrived, I was reading Plato, Aristotle, Galileo, Darwin, Herodotus, Thucydides and many other great books. In the undergraduate college there was a negative attitude toward pragmatism. I don't recall ever reading any of the classical pragmatic thinkers" (Frega, 2014). En este propicio ámbito universitario, Bernstein escribe: *Love and Friendship in Plato: A Study of the Lysis and the Fedro"*. Algunos de sus compañeros de estudio, Susan Sontag, Richard Rorty, George Steiner, Philip Roth y Mike Nichols, se convertirían más tarde también en sus interlocutores filosóficos: "It was at Chicago that I discovered and fell in love with philosophy" (Bernstein, 2016, p.14).

Una vez graduado, a la edad de 19 años, Bernstein regresa a Nueva York y, a fin de completar sus créditos, aplica a un curso en la Universidad de Columbia dictado por Justus Buchler –quien había obtenido su doctorado en 1938 con la tesis *Charles Peirce's Empiricism–*. Pese a ser su primer encuentro con la filosofía pragmatista su verdadero interés recién acontece en 1953, en el contexto de la Universidad de Yale, a la que asiste por recomendación de Rorty:

> I started my graduate studies at Yale in 1953. John E. Smith (who was then a young assistant professor) organized a small reading group dealing with John Dewey's Experience and Nature. This was a revelation for me. I discovered that Dewey was a far more interesting thinker than I had been led to believe. At the time there was a prevailing prejudice that pragmatism was little more than a fuzzy anticipation of logical positivism (Frega, 2014).

Allí, el autor redacta una de sus primeras publicaciones *John Dewey's Metaphysics of Experience* (escrita en 1960 y publicada en 1961) en la que comprende el carácter distintivo del pragmatismo clásico respecto de la filosofía analítica, que debe ser leído "as bold counter-move to the fashionable tendencies and trends in Anglo-American analytic philosophy at the time" (Shook, 2005, p.216). En su estancia en Yale, se encuentra por primera vez con la obra de Hegel, a través de *Antígona*: "I spent hours reading the text over and over again until I had a breakthrough—like an epiphany. I experienced the power of Hegel. That seminar on Hegel changed my life" (Bernstein, 2016, p.15). Junto con sus estudios sobre Dewey es influenciado también por Paul Weiss –de quien aprende lo que significa ser un verdadero filósofo– y Wilfrid Sellars, de quien comprende el modo de emplear las herramientas de la filosofía analítica para la interpretación de la historia de la filosofía. La presencia de Paul Weiss, editor de los *Collected Papers* de Peirce, lo acercan también al estudio del pragmatismo.

Por su parte, Yale es significativa para Bernstein por su perspectiva pluralista y por su resistencia a la hegemonía de la filosofía analítica y del empirismo lógico; es, de esta suerte, que el filósofo distingue allí entre la "ideología analítica" y la "filosofía analítica", para extender el campo de acción de la primera a la creencia según la cual el análisis filosófico es el modo restrictivo y excluyente de practicar filosofía.

1.1.1.2. *Docencia y diálogos filosóficos (1958-1989):* habiéndose doctorado en Yale (1958), asiste como docente durante un año a la Universidad Hebrea de Israel y a su regreso se convierte en profesor asistente y en editor (hasta 1971) de *The Review of Metaphysics* fundada por Paul Weiss. En 1965, en un hecho de alcance nacional, le es negada la titularidad, lo cual desata una notable protesta estudiantil. Así es que se traslada a Haverford College, una prestigiosa universidad de artes liberales en la que permanence hasta 1989: "I chose Haverford College because of the opportunities for Carol in the Philadelphia area—and Carol soon started teaching at the University of Pennsylvania and then accepted a position at Bryn Mawr College, the sister college of Haverford" (Bernstein, 2016, p.19). En Haverford, Bernstein ve la oportunidad de construir un departamento de filosofía con espíritu pluralista, central en la estructuración de un curriculum que ofrecía cursos sobre Platón, Aristóteles, Hegel, Heidegger y Wittgenstein. En este período, Bernstein escribe su primer libro *John Dewey* (1966), y luego *Praxis and Action* (1971), *The Restructuring of Social and Political Theory* (1976), *Beyond Objectivism and Relativism* (1983) y *Philosophical Profiles* (1986); es allí donde se reconoce a sí mismo como *docente*:

> Bernstein has been a fellow at the Institute for Advanced Study in Berlin, the Franz Rosenzweig Research Center in Jerusalem, and recipient of many fellowships including awards from National Endowment for the Humanities and the American Council of Learned Societies. Recognition for his teaching has been widespread, earning him five distinguished teaching awards, including some at a national level. Among many other awards are included the John Dewey Society Award for outstanding achievement; he was also the American Philosophical Association Romanell Lecturer, and the Phi Beta Kappa Visiting Lecturer. He was President of the Metaphysical Society of America, the Charles S. Peirce Society, and the American

Philosophical Association Eastern Division in 1988–9. (Shook, 2005, p.218)

En 1989, Bernstein es elegido presidente de la *Eastern Division of the American Philosophical Association*, en cuyo evento de asunción invita a Derrida, y en el que pronuncia un famoso discurso titulado "Pragmatism, Pluralism, and the Healing of Wounds", en el que sintetiza los temas más significativos de su filosofía pragmatista. Ese mismo año es invitado como docente para la New School for Social Research en la ciudad de Nueva York, una institución cuyo origen se ve radicalmente influenciado por el pragmatismo, y junto con Agnes Heller y Reiner Schürmann, dirige la reconstrucción del Departamento de Filosofía y ocupa el cargo de presidente, desde 1989 hasta 2002. En este período escribe *The New Constellation: The Ethical-Political Horizons of Modernity/Postmodernity* (1991) *Hannah Arendt and the Jewish Question* (1996), *Freud and the Legacy of Moses* (1998) y *Radical Evil: A Philosophical Interrogation (2002)*.

1.1.1.3. *Giro pragmático (2002-):* Desde el año 2002, Richard Bernstein ha continuado con su obra filosófica deliberativa, con el propósito de dar cuenta acerca del "giro pragmático" de la filosofía e incorporando problemáticas contemporáneas a dicho debate, a partir de publicaciones como *The Abuse of Evil: The Corruption of Politics and Religion since 9/11* (2006), *The Pragmatic Turn* (2010), *Violence: Thinking without Banisters* (2013), *Pragmatic Encounters* (2016), *Ironic Life* (2016), *Diálogos: Taylor y Bernstein* (2017), *Why Read Hannah Arendt Now?* (2018) y *Pragmatic Naturalism: John Dewey's Living Legacy* (2020).

1.2. *Descripción general de la obra*: la obra de Bernstein se caracteriza aquí en consideración de los aportes críticos propuestos por Shook (2005), Greeve Davaney & Frisina (2006), la presentación de *The Pragmatic Turn* en la Selzer Visiting Philosopher Series

(2013) del Beloit College, Green (2014) y Megan Craig & Marcia Morgan (2017).

Este ap., se estructura a partir de la caracterización general del trabajo filosófico de Bernstein y el modo en que lo ha llevado a cabo. Se presenta, en primer lugar, el 1.2.1. *Ēthos* deliberativo de la obra, en el que se explicitan los 1.2.1.1. *Propósitos del proyecto filosófico de Bernstein*, en rigor:

A) Auto-corregir y actualizar los temas característicos del pragmatismo clásico.

B) Ir más allá del fundacionalismo cartesiano.

Se concluye la sección nombrando a los 1.2.1.2. *Interlocutores filosóficos* más frecuentes en la obra de Bernstein. En segundo lugar, se exhibe la 1.2.2. Articulación temática de la obra, apelando a la filosofía hegeliana como clave para interpretar el sentido de los propósitos A) y B), en referencia, por un lado, a: 1.2.2.1. *La crítica bernsteiniana a las dicotomías absolutas*, en la que se hacen presentes los temas: 1.2.2.1.1. *Dialéctica inestable* y 1.2.2.1.2. *Perspectiva no representacional del conocimiento*; por el otro, a: 1.2.2.2. *La unidad de teoría y praxis*, a partir de la comprensión de 1.2.2.2.1. *Actividad auto-reflexiva del Geist*, con la que se hace lugar a 1.2.2.2.2. *Constelaciones, pluralismo y falibilismo*.

1.2.1. *Ēthos* deliberativo de la obra

1.2.1.1. *Propósitos del proyecto filosófico de Bernstein*: Shook (2005) Greeve Davaney & Frisina (2006), Green (2014) y Megan Craig & Marcia Morgan (2017) coinciden en caracterizar la filosofía de Bernstein como una propuesta deliberativo crítico-reconstructiva que apela a dar cuenta del "giro pragmático" del pensamiento, a partir de una revitalización de los debates clásicos llevados a cabo por Peirce, James y Dewey, de acuerdo con un *ēthos* comprometido con el pluralismo falibilista que intenta A) Auto-corregir y actualizar los temas característicos del pragmatismo clásico; y B) Ir más allá del fundacionalismo cartesiano.

Bernstein's philosophy is pragmatic insofar as it is committed to anti-foundationalism and the self-corrective character of inquiry; an irreducibly social understanding of subjectivity; fallibilism with regard to all cognitive, practical, and moral claims; and engaged pluralism in grappling with the varied approaches to philosophical questions and what counts as a philosophical question. Bernstein is committed to a nonskeptical fallibilism with regard to moral and epistemological issues; a critical faith in democratic means and ends; methodological pluralism in intellectual practices; and a deep commitment to interdisciplinary cross-fertilization, to what he has referred to as the "universal discourse" common to intelligent reflection on fundamental questions of our human existence (Shook 2005, p.221)

La obra de Bernstein incluye trabajos sobre filosofía de la ciencia y ética estructurados desde una perspectiva deliberativo-pragmatista, en un marco conversacional intredisciplinario: "Bernstein has played such a wide-ranging role in contemporary intellectual life because he has that rare capacity to weave a coherent vision out of the disparate strands of seemingly conflicting intellectual traditions" (Greeve Davaney et al., 2006, p.VIII). En *The Dictionary of Modern American Philosophers* (Shook, 2005), se explicita también el uso bernsteiniano de una crítica-reconstructiva inmanente con propósito ético, como modo general que caracteriza a su propia práctica filosófica.

Craig et al. (2017), por su parte, interpretan que la tradición cuáquera fundadora de Haverford ocupa un sitial significativo en la comprensión de Bernstein sobre el sentido de promover la conformación de comunidades deliberativas con *ēthos* pluralista (Craig et al., 2017, p.XX). Así también, referencian el siguiente pasaje de *Beyond Objectivism and Relativism*, en el que Bernstein entiende que: "A true 'conversation'–which is not to be confused with idle chatter or a violent babble of competing voices– [it] is an extended and open dialogue which presupposes a background of intersubjective agreements and a tacit sense of relevance" (Bernstein, 1983, p.2). Es además en el prefacio a esa obra donde el filósofo advierte que la recuperación y clarificación de los conceptos y experiencias vinculadas al diálogo, deliberación y comunicación presuponen también, en el encuentro agonístico, la amistad, la solidaridad y el amor erótico.

Bernstein sostiene que no se propone él mismo construir "puentes" entre orientaciones filosóficas distintas, ya que "no single orientation or style of thinking has an exclusive possession of philosophic insight" (Bernstein, 1999, p.X), de lo que se deduce la práctica del pluralismo falibilista comprometido como *ēthos* o disposición ética que supone estar abierto al otro en su radical alteridad; a propósito, Zambrana (2017) entiende que: "Pluralism is an *ēthos*, then, because it entails more than the recognition of difference. It involves self-reflection and the willingness to revise one's deepest commitments or even to change one's life" (Zambrana, 2017, p.125). Por lo tanto, el diálogo en la obra de Bernstein dispone a un *ēthos* pluralista y falibilista que presenta los propósitos A y B.

A) *Auto-corregir y actualizar los temas característicos del pragmatismo clásico*: Bernstein considera como punto de partida general para formular el marco deliberativo de su obra los enfoques de Charles Peirce, William James y John Dewey, a los fines de articular el "giro pragmático" de la filosofía por medio del diálogo con autores contemporáneos como Wilfrid Sellars, Emmanuel Levinas, Michel Foucault, Hans-Georg Gadamer, Jürgen Habermas, Jacques Derrida, Alasdair Macintyre, Martin Heidegger, John Mcdowell, Richard Rorty, Hilary Putnam, Hannah Arendt, Hans Joas, Charles Taylor, Jeffrey Stout, Seyla Benhabib, Nancy Fraser y Robert Brandom, entre otros. Así, en *Beyond...* cree que los pragmatistas clásicos se hallaban adelantados a su tiempo, de suerte que parte de su trabajo académico consistió en dialogar con autores no-pragmatistas para encontrar afinidades que ampliaran su propia orientación pragmatista (cfr. Bernstein 2016, p.24). Así, junto con Bernstein, filósofos como Richard Rorty, John E. Smith, John, J. McDermott:

Understood in differing ways that classical pragmatism would need to be critically adjusted and collaboratively redeveloped to meet contemporary theoretical and practical needs in the sciences, politics, religion, culture, and daily living, employing for that purpose the same kind of open-ended conversational process that the original pragmatists developed to create their new philosophical framework (Green 2014, p.2).

En la presentación del libro *The Pragmatic Turn*, realizado en el marco de la *Selzer Visiting Philosopher Series*, fundada en el año 2010 en el Beloit College, se afirma que:

Richard Bernstein is among a small number of philosophers who have risen above narrow specializations to become public intellectual and world citizen. Throughout his long career he's been a voice of reason as he sought to bridge despair schools of philosophy of different nationalities and, eventually, even disparate disciplines, even disparate disciplines, and bring them into conversation with one another. Like Socrates, he has committed himself to developing and examining the views of others and only through this dialectical process does his own philosophy begin to emerge, and what emerges again and again is his commitment to reasoning as an open-ended practical and ethical task (Selzer Visiting Philosopher Series, 2013)

Con el "giro pragmático" Bernstein se ha mostrado como un partícipe activo al revelar su propia filosofía a partir de una visión renovada de los temas clásicos del pragmatismo, para satisfacer así la necesidad de dar respuesta a problemáticas contemporáneas: "Both Bernstein's open and dialogical approach to multiple perspectives and his own constructive positions have encouraged his inclusion in a wide range of debates and conversations" (Greeve Davaney et al., 2006, p.VIII).

B) *Ir más allá del fundacionalismo cartesiano*: el *pluralismo falibilista comprometido* requiere superar aquello que Bernstein denomina "ansiedad cartesiana" y que supone la cristalización de una actitud de duda metódica, por cuyo temor consecuente se erige la búsqueda filosófica de un fundamento a partir del cual edificar la estructura general del conocimiento: "Locked in his room in his nightgown, he worries about everything from the reality of the strangers passing outside his window to the piece of wax melting near his fire. 'Cartesian anxiety' describes the manic worry that one cannot begin to know anything at all until one has secured a permanent, all-anchoring truth" (Craig et al., 2017, p.XXIV).

El *ēthos* pluralista co-implicado en el diálogo que propicia un compromiso falibilista difiere respecto del solipsismo filosófico cartesiano, afincado en la resolución solitaria y meditativa de experimentos mentales que excluyen el conflicto intersubjetivo, para nutrirse entonces de manera sistemática de una duda debilitante. Por ello, el falibilismo pragmatista bernsteiniano no conduce a un escepticismo radical que homogeniza y niega la totalidad de las creencias; en cambio, el exorcismo de la "ansiedad cartesiana" permite evitar la creencia según la cual hay necesidad de un fundamento filosófico último e infalible: "In the Introduction to *Beyond Objectivism and Relativism*, Bernstein provides his most extensive elaboration of 'Cartesian anxiety' presenting his defense against Cartesianism, and outlining the latter's damaging effects on contemporary philosophy in the Anglo-American and European traditions" (Craig et al., 2017, p.XXIV).

1.2.1.2. *Interlocutores filosóficos*: el marco deliberativo de Bernstein incluyó a Richard Rorty, Jürgen Habermas Hannah Arendt, Hans-Georg Gadamer y Jacques Derrida como sus interlocutores más frecuentes. En 1972 inicia un extenso diálogo con Jürgen Habermas y Hannah Arendt, manifiesto, en primer lugar, en las obras de 1976 y 1983: "It is as if I, who started working in the pragmatic tradition and became increasing interested in the Hegelian-Marxist legacy, encountered Habermas, who, starting with the Hegelian-Marxist legacy, was moving closer to the spirit of pragmatism" (Bernstein, 2016, p.20).

A propósito de su amistad con Habermas, Bernstein insiste en la crítica al carácter transcendental-kantiano de la teoría de la acción comunicativa (cfr. Escajadillo, 2006, p.163) y escribe *Habermas and Modernity* (1985), obra de ensayos en la que interpreta el concepto de modernidad en la filosofía pragmatista trascendental del filósofo alemán. Con respecto a Hannah Arendt, su primer encuentro tuvo lugar durante una reunión de seis horas en Haverford "And that was the beginning of friendship that lasted until her death in 1975" (Bernstein, 2016, p.22). Bernstein dedica *Beyond... a* Hannah Arendt, Hans-Georg Gadamer, Jürgen Habermas y Richard Rorty, y es Arendt con quien dialoga especialmente en obras como *Hannah Arendt and the Jewish Question* (1996), *Radical Evil* (2002), *The Abuse of Evil: The Corruption of Politics and Religion since 9/11" (2006)* y *Why Read Hannah Arendt Now?* (2018). En este sentido, se subraya el interés del autor por problemáticas vinculadas a la identidad religiosa y al mal "His meditations on Hannah Arendt and Judaism exhibit sensitivity to the religious dimensions of the life of a selfproclaimed pariah" (Shook, 2005, p.221). En esta línea de trabajo, publica *Violence: Thinking without Banisters* (2013), obra en la que dialoga con Carl Schmitt, Walter Benjamin, Hannah Arendt, Frantz Fanon y Jan Assmann.

Por otro lado, publica estudios críticos sobre Gadamer desde 1968, especialmente acerca de *Wahrheit und Methode* en la "Review of Metaphysics": "During the time when Habermas and I taught our seminar in Dubrovnik, another seminar was given at the same time dealing with phenomenology. Gadamer was a frequent visitor, and we had many discussions over a good bottle of wine in Dubrovnik. When Gadamer started his regular visits to the United States, he frequently visited Haverford. And I felt myself increasingly influenced by— although also critical of—his hermeneutical orientation" (Bernstein, 2016, p.22). Así, a partir de los estudios sobre Gadamer, Bernstein explicita las relaciones de identidad y de diferencia entre el concepto de "comprensión hermenéutica" y *"frónesis* pragmatista". Ya hacia la década de 1970, Bernstein inicia dificultosas lecturas de Derrida, con ayuda de su esposa Carol; los inconvenientes se vieron superados con los ensayos de Derrida sobre Levinás *Violence et Métaphysique: Essai sur la pensée d'Emmanuel Levinas*: "I began to see that Derrida, from his earliest work was preoccupied—indeed obsessed with—questions concerning ethics and responsibility. Subsequently, I wrote an essay, 'Serious Play: The Ethical-Political Horizon of Jacques Derrida' orientation" (Bernstein, 2016, p.23).

La obra reciente de Bernstein incluye temáticas religiosas y psicoanalíticas explícitas en *Freud and the Legacy of Moses* (1998). No obstante, el autor continúa su problematización en torno al pragmatismo en *Ironic Life* (2016), en directa alusión a su amigo Richard Rorty y a Jonathan Lear, a partir de una resignificación de Sócrates y Kierkegaard, Gregory Vlastos y Alexander Nehamas. En *Pragmatic Encounters* (2017), se compilan ensayos en los que Bernstein delibera con pragmatistas clásicos y contemporáneos, así como con Herbert Marcuse, Hannah Arendt o con las lecturas que Paul Ricoeur propone de Freud. Ese mismo año es publicada *Taylor and Bernstein* (2017), obra en la que Daniel Gamper sistematiza el diálogo entre ambos filósofos.

Finalmente, en *Pragmatic Naturalism: John Dewey's Living Legacy* (2020) debate con Robert Brandom, John McDowell, Richard Rorty, Wilfrid Sellars, Peter Godfrey-Smith, Philip Kitcher, Bjorn Ramberg, David Macarthur, Steven Levine, Mark Johnson, Robert Sinclair, Huw Price y Joseph Rouse en *Pragmatic Naturalism: John Dewey's Living Legacy* (2020), a fin de problematizar sobre el naturalismo de Dewey. En síntesis, la obra filosófica de Bernstein es desarrollada a partir de una práctica deliberativo crítico-reconstructiva comprometida con un *ēthos* pluralista y falibilista que se propone A) Auto-corregir y actualizar los temas característicos del pragmatismo clásico y B) Ir más allá del fundacionalismo cartesiano.

En 1.2.2 (y ss.) se hace manifiesto el modo en el que Bernstein acude a una "dialéctica inestable", formulada a partir de las lecturas que el autor realiza de Hegel, y desde la cual da sentido al carácter deliberativo de su propia filosofía en particular, y al pragmatismo en general.

1.a.2. Articulación temática de la obra

En este ap., se articulan los propósitos A) y B), con los temas más significativos de la obra bernsteiniana. Así, se considera la lectura que Zambrana (2017) realiza en "Bernstein's Hegel" –capítulo séptimo de *Richard J. Bernstein and the Expansion of American Philosophy Thinking the Plural* de Craig et al., (2017)–, sobre la presencia de Hegel a lo largo de los temas pragmatistas postulados por Bernstein en su discurso de asunción presidencial de 1988, a saber:

1. Antifundacionismo y crítica al cartesianismo.
2. Falibilismo.
3. Comunidad de investigadores y sociabilidad de las prácticas.
4. Contingencia radical.
5. Pluralidad irreductible de perspectivas y orientaciones.

En *Pragmatic Encounters*, Bernstein (2016) unifica 4 y 5, para titular 5., como: La perspectiva del agente y la continuidad de la teoría y la práctica y añade 6. La democracia como forma de vida.

Según Shook (2005), la influencia hegeliana es evidente en el período 1970-1980, como un ejemplo de la crítica concomitante con las disputas entre marxismo, existencialismo, pragmatismo y filosofía analítica (cfr. Shook 2005, p.219). La presencia de Hegel se da en *Praxis and Action* (1971), así como en *The Restructuring of Social and Political Theory* (1976) y *Beyond Objectivism and Relativism* (1983), esto es, durante su estancia en Haverford College (1965-1989). Rocío Zambrana (2017) coincide con dicha apreciación, y agrega: "You will find no books on Hegel among Richard Bernstein's long list of publications, yet Hegel is a constant figure in Bernstein's work" (Zambrana, 2017, p.123). De esta manera, Hegel intercedería en: 1.2.2.1. La crítica bernsteiniana a las dicotomías absolutas, y 1.2.2.2. La unidad de teoría y *praxis*. Ello, en el marco deliberativo de su propia obra, que co-implica a Hegel en sus lecturas relativas a los propósitos (A y B) y temas señalados (1-6). Zambrana (2017) sugiere que Bernstein lee a Hegel, contra Hegel mismo:

Bernstein's relation to Hegel's thought can be characterized as ambivalent. Hegel is both a source of inspiration and a source of provocation throughout Bernstein's corpus. It is precisely Bernstein's ambivalence, however, that allows us to reconstruct his distinctive understanding of Hegel and the significance of this understanding to his brand of philosophical pluralism (Zambrana, 2017, p.129)

Luego, los temas 1., 2., y 3., son abordados con el propósito de articular A: el "giro pragmático", en diálogo con las lecturas sobre Hegel (y contra Hegel) realizadas por tres generaciones de pragmatistas, en términos críticos respecto del fundacionalismo cartesiano.

Por su parte, B: *Ir más allá del fundacionalismo cartesiano*, lo que se presenta como un propósito que supone el tratamiento de los temas 1., 2., y 3., y se articula proyectivamente con 4/5, a partir de una revisión de la unidad dialéctica entre teoría y *praxis*.

1.a.2.1. La crítica bernsteiniana a las dicotomías absolutas

1.a.2.1.1. Dialéctica inestable: Shook (cfr. 2005, p.219), entiende que la influencia hegeliana se encuentra manifiesta en *Praxis and Action* de 1971, obra en la que Bernstein comprende la *acción* desde la perspectiva hegeliana de Marx. Zambrana (2017), por su parte, identifica que el uso bernsteiniano de Hegel atraviesa el tratamiento del antifundacionalismo, el falibilismo, la conformación de comunidades críticas (temas 1., 2., y 3) y la ineludibilidad de la contingencia y el pluralismo (tema 4/5), en particular, een *Beyond Objectivism and Relativism* y en *The Pragmatic Turn*:

In "Hegel and Pragmatism," chapter 4 of *The Pragmatic Turn*, Bernstein tracks Hegel's influence on what can roughly be seen as three generations of pragmatists. The first generation is comprised, among others, of Peirce, Dewey, and James; the second generation is represented by Wilfred Sellars; and the third generation is developed by John McDowell and Robert Brandom ("the Pittsburgh Hegelians") (Zambrana, 2017, p.130).

Bernstein concibe a la filosofía hegeliana como clave para articular "el giro pragmático" en torno a la noción de "ansiedad cartesiana" como fuente crítica del fundacionalismo que dicotomiza, en términos absolutos, la filosofía teórica y práctica. Según Zambrana "Bernstein reads Hegel against himself in light of his pragmatist commitments" (Zambrana, 2017, p.131); y a diferencia de los pragmatistas clásicos, quienes buscaron recuperar de Hegel "el sentido de la vida, el dinamismo y especialmente la visión de la realidad orgánica interrelacionada" (Bernstein, 2013, p.101), el anti-fundacionalismo de Bernstein asume la posibilidad filosófica de formular una "dialéctica sin *Aufhebung*", esto es, sin el momento integrativo hegeliano consistente en la reductiva "negación de la negación" para entonces "do justice to both elements, without succumbing to the illusion that they can finally be integrated" en una forma dialéctica –hegeliana y antihegeliana– en la que no acontece la reconciliación totalizadora de los contrarios.

Esta dialéctica inestable es concomitante con el *ēthos* pluralista y falibilista que caracteriza el modo en que Bernstein mismo hace filosofía, según Shook (cfr. 2005, p.219) y a partir de la cual, entonces, es posible pensar en la articulación dialéctica entre teoría y práctica.

1.2.2.1.2. *Perspectiva no representacional del conocimiento*: Bernstein estima que la teoría correspondentista de la verdad, enmarcada en la dicotomía fundacionalista entre idealismo y empirismo, es susceptible de ser superada a través de las lecturas de Hegel llevadas a cabo por la segunda y tercera generación de pragmatistas. Por ello, el filósofo admite la validez de la crítica de Sellars (1997) al llamado "mito de lo dado":

Como es bien sabido, fue Sellars (1996) quien acuñó la expresión "Mito de lo Dado" para cuestionar, entre otras, la tesis empirista de que lo dado desempeña un rol en el conocimiento empírico. Bajo la noción de "lo dado" Sellars se refiere, *inter alia*, al subconjunto de cosas que están determinadas por la observación. Sellars encuentra que los filósofos han recurrido a "lo dado" refiriéndose a distintas entidades, tales como, contenidos sensoriales, objetos materiales, etc. "Lo dado" es, en su opinión, una locución de la jerga filosófica que entraña compromisos teóricos substanciales (Florez Quintero, 2019, p.57)

McDowell considera que una revisión acerca de los términos absolutos que se corresponden con el idealismo o coherentismo tanto como con el "mito de lo dado" de Sellars, hace posible una crítica a la diferencia ontológica entre mente y mundo. Desde la perspectiva de Bernstein, ambos extremos, idealismo y empirismo, están sometidos al fundacionalismo: "For Sellars and Brandom, what is needed is an inferential, non-representational account of knowledge. Brandom takes this thought further by arguing that such inferential articulation—such mediation—is a matter of social practices" (Zambrana, 2017, p.132). Así es que, desde la interpretación hegeliana de Brandom, el contenido conceptual ya no obedece a criterios realistas de validación, sino que depende del reconocimiento de otros, de suerte que la argumentación se inscribe en el marco de una articulación histórico-conceptual comunitaria "Now, Brandom's account not only stresses the significance of history and sociality for accounts of mind and world. It also articulates a revisionist view of knowledge. Conceptual content is articulated by revisions made in response to social-historical developments" (Zambrana, 2017, p.133). De aquí es que el *locus* de validación de los argumentos esté dado a partir de un proceso histórico-social-comunitario en el que el contenido conceptual es inter-cambiado.

La crítica a las dicotomías excluyentes sostenidas en el fundacionalismo sugiere la posibilidad de postular una "nonfoundational selfcorrective conception of human inquiry based upon an understanding of how human agents are formed by, and actively participate in shaping, normative social practices" (Bernstein, 2013, p.X). Este rechazo al fundacionalismo co-implicaría una forma de falibilismo sujeto al intercambio intersubjetivo de argumentos y pruebas, esto es, a la conformación de comunidades deliberativas plurales.

1.2.2.2. *La unidad de teoría y praxis*: Zambrana (2017) entiende que el tema 4/5. La contingencia radical y la pluralidad irreductible de perspectivas y orientaciones, puede comprenderse a través de *Praxis and Action* (1971) y *The New Constellation* (1991):

> In both discussions, the promise of Hegel's thought are made clear in light of its deep limitations. These limitations are seen as crucial provocations. Indeed, in these discussions we see that, although Hegel's texts help us think through non-foundationalism, fallibilism, and a community of inquiry, they fail to do justice to the last two critical gestures of philosophical pluralism—contingency and plurality (Zambrana, 2017, p.133)

En *Praxis and Action*, Bernstein (1971) reconstruye las propuestas teóricas del marxismo, existencialismo, pragmatismo y positivimo en los siglos XIX y XX, con el fin de articular una perspectiva pragmatista contemporánea sobre la acción: "Bernstein remarks that each of these strands of philosophical inquiry can be combined to enlighten and deepen the others" (Shook, 2005, p.219). Zambrana (2017) interpreta que la obra es una demostración ejemplar del pluralismo bernsteiniano, en la medida en que "yuxtapone" diferentes perspectivas para revelar las tensiones existentes entre ellas y elucidar así el fenómeno de la *praxis* y acción.

1.2.2.2.1. *Actividad auto-reflexiva del Geist*: Bernstein interpreta, en *Praxis and Action,* que el *Geist* hegeliano se constituye como actividad auto-creada a partir de la cual es posible superar la dicotomía fundacionalista entre idealismo y empirismo, en la medida en que la actividad del *Geist* es negatividad que se exterioriza en acción, como actualización o concretización de una intención: el *Geist* es la actividad y, por tanto, la inteligibilidad de las cosas mismas que se auto-determinan, independientemente de cualquier externalidad; el *Geist* se manifiesta en la "materia del mundo, pues, de aquí Bernstein "provocatively concludes that Hegel's idealism can be understood as a form of materialism" (Zambrana, 2017, p.134). Bernstein interpreta, además, que la concretización exteriorizada de las intenciones en forma de acción, supuesta en la dialéctica entre la potencialidad (en reposo) y la actualización (en movimiento), articula la unidad de la teoría y de la práctica: "Here is an ultimate unity of theory and practice, a unity that becomes intelligible when we understand that *Geist* is at once *praxis*, and in its self-reflective form, *theoria*". Esta tesis es relevante en el marco teórico-conceptual de la obra general de Bernstein.

1.2.2.2.2. *Constelaciones, pluralismo y falibilismo:* tras examinar la unidad auto-reflexiva de la teoría y de la acción, Zambrana (2017) acude a *The New Constellation* (1991), obra en la que Bernstein evalúa el idealismo y la necesidad atribuidos a la dialéctica hegeliana y, en especial, al *Aufhebung*. De este modo, si en *Praxis and Action* (1971) el filósofo postula una *dialéctica inestable ambos/y*, en la obra de 1992 esta idea es condición de posibilidad no ya tan sólo para entender el no-fundacionalismo, el falibilismo y la conformación de comunidades críticas de investigación, sino también para dar cuenta acerca de la contingencia radical y la pluralidad irreductible de perspectivas y orientaciones (tema 4/5).

Es dado que en la filosofía moderna de Hegel el *Geist* alcanza el momento de reconciliación de los opuestos a partir de la negación de la diferencia misma (en rigor, de toda ruptura y/o fractura) y, en cambio, la filosofía postmoderna establece la primacía de la fragmentación, la particularidad y contingencia contra toda forma de totalización absoluta. Así, Bernstein acordará con la filosofía postmoderna en lo que respecta a la contingencia y a la pluralidad, sin que por ello la *inconmensurabilidad* conduzca a formas de relativismo escéptico: "Focus on context, specificity and locality does not mean we can avoid facing up to our affirmations—especially when they are challenged. For even if one maintains all effective critique must be local and specific, we still have to face up to what we are affirming when we engage in critique." (Bernstein, 1991, p.318).

Es entonces que el *ēthos* pragmatista supone emplear la distinción hegeliana entre "negación abstracta" y "negación determinada"; y en tanto la primera critica conceptos sin comprender la actividad agonista misma con la que se que busca de manera excluyente la aniquilación de *lo otro* (de la diferencia, una lógica binaria estática), la "negación determinada", en cambio, es aquella dirigida a un punto de vista *concreto* "It leads to a further determination, since it articulates the matter at hand concretely, in light of what has been rejected and overcome. Determinate negation is insightful, since it comprehends the presuppositions and implications of its own activity" (Zambrana, 2017, p.136). La negación abstracta presupone oposiciones binarias fijas, mientras que la negación determinada intelige la relación inestable misma entre las oposiciones, a partir de la dialéctica *ambos/y*, al afirmar de esta suerte la contingencia y la pluralidad que conduce a Bernstein a formular el concepto mismo de "constelación":

> This revisionary understanding of dialectics leads Bernstein to the notion of constellation, a concept originally developed by Walter Benjamin and TW Adorno. Constellation involves the juxtaposition of opposites. Now, constellations construct meaningful relations between stars in light of their spatial proximity. In a constellation, then, the relation between stars is not one of necessity. It is a matter of contingency. However, in allowing each star to shine in its singularity, a constellation allows each star to appear in its truth (Bernstein, 2017, p.136)

La constelación hace justicia a una comprensión pluralista en la que los elementos particulares son irreductibles a una modalidad de *Aufhebung* hegeliana, pues, el carácter inestable de la dialéctica –así como de las oposiciones– apela a la responsabilidad como *ēthos* pragmatista por el que es posible "think and act in the 'in-between' interstices of forced reconciliations and radical dispersión" (Bernstein, 1991, p.9), involucrando a los participantes de una comunidad de investigadores como *primeras personas*, abiertas a la determinación negativa que supone el diálogo, en un marco deliberativo que revisa argumentos. Con Shook (2005), se describe el encuadre conversacional crítico-reconstructivo de la obra bernsteiniana, que acontece por medio de la exposición de los argumentos de un interlocutor determinado y la consecuente explicitación de sus posibles tensiones, sesgos, resistencias o negaciones, a partir del ejercicio de una dialéctica sin *Aufhebung*. Esta propuesta teórica, sostenida en una lectura con/contra Hegel, es practicada por Bernstein mismo, quien "brings into conversation widely separated philosophical positions and schools, arguing that they share much more than their respective practitioners think, and that they differ in ways to which they are equally blind" (Shook, 2005, p.219).

a) Con Hegel, Bernstein critica el fundacionalismo (1.) a partir del cual la "ansiedad cartesiana" se presenta como *a priori* de dicotomías fijas (2.), a fin de articular la unidad dialéctica de teoría y práctica (*Geist práxico* auto-reflexivo) y proponer una teoría no-representacional del conocimiento, por medio de comunidades crítico-deliberativas de investigadores (3.).

b) Contra Hegel, una *dialéctica inestable* e integrativa de las diferencias (*ambos/y*), que excluye la negación de las diferencias, conduce a la conformación de comunidades plurales en las que prima la idea de constelación y la irreductibilidad de las perspectivas y orientaciones (4/5), en un marco de deliberación con *ēthos pluralista y falibilista* que emplea la "negatividad determinada" hegeliana a fin de practicar la crítica democrática de argumentos (6).

Por último, en *Beyond...* Bernstein también interpreta en clave hegeliana el desarrollo de la historia de la filosofía durante el siglo XX, seccionándola en cuatro momentos:

a) Caracteriza al primer momento según los intentos de fundamentar el conocimiento científico con un término único como unidad epistemológica principal, centrado en la preocupación por la *definición ostensible*.

b) Acontece, en un segundo momento, el primado de la proposición o de sentencias descriptivas como unidad epistemológica que fundamenta el conocimiento empírico, lo cual promovió la búsqueda de un principio de verificación con el cual atribuir semanticidad a los enunciados.

c) En la tercera etapa, se apela a esclarecer y demarcar las diferencias entre distintos esquemas conceptuales.

d) La cuarta etapa vislumbra la necesidad de comprender el conflicto entre teorías, paradigmas, programas o tradiciones de investigación, de modo tal que la unidad de valoración epistemológica ya no consiste en el análisis sincrónico de teorías, sino en un programa de investigación "y como bien señala McMullin, lo que Lakatos llama programa de investigación es lo que muchos científicos profesionales llaman 'teoría' –algo que no es estático son que se desarrolla y cambia con el tiempo. Con ese cambio el estudio del desarrollo histórico de los programas de investigación o teorías encontradas, pasan a primer plano muchas características y michos problemas nuevos de la investigación científica" (Bernstein, 2018[1983], p.140). *Esta última etapa es en la que se sostiene la propuesta metacientífica pragmatista de Bernstein.*

CAPÍTULO II
Antifundacionalismo, crítica al cartesianismo y falibilismo (temas 1., 2. y 3.)

El núcleo del anti-fundacionalismo propuesto por Richard Bernstein se sostiene en la crítica de Charles Peirce al cartesianismo moderno: "Peirce directly attacks what has been called the 'foundation metaphor' of knowledge and the 'spectator' view of the knower. The conception of knowledge that Peirce criticizes as mistaken is one that claims that knowledge does—indeed must—have a basic fixed foundation" (Bernstein, 1971, p. 174). Así, con Hegel, Bernstein critica el fundacionalismo que establece dicotomías absolutas excluyentes entre el conocimiento teórico y práctico; y con Peirce, el filósofo amplía la crítica al fundacionalismo formulado a partir del "marco teórico cartesiano". Al respecto, afirma: "I speak of the 'Cartesian framework' rather than 'Descartes' because there is a serious question whether what is being attacked is really the historical Descartes" (Bernstein, 1971, p.5).

El antifundacionalismo de Bernstein es un término polémico (cfr. Bernstein, 1991, p.340) que no ha sido usado generalmente por los pragmatistas; sin embargo, Bernstein lo aplica con el propósito de 1.1.2.1 A) *Auto-corregir y actualizar los temas característicos del pragmatismo clásico*, en este caso, a partir de una crítica a: 1. La dicotomía excluyente entre razón teórica y práctica, 2. El intuicionismo que propone fundamentos indubitables y del que se infiere el modelo correspondentista diádico de "mente como contenedor", utilizado tanto por el racionalismo o coherentismo como por el empirismo, 3. El apriorismo de la duda cartesiana, 4. El conciencialismo del *ego cogito* privado 5. La "metáfora de cadena" y de "punto arquimédico" y 6. La inexplicabilidad absoluta.

La revisión de las críticas anti-cartesianas realizadas por Peirce son sustantivas para que Bernstein formule la categoría de "ansiedad cartesiana". Mucho más, el tratamiento de dichas críticas permite la sistematización de los temas pragmatistas (1-5) propuesta por el filósofo, en 1988. Bernstein considera significativos los ensayos de la llamada serie cognitiva de Peirce, compuesta por: 2.1."Questions Concerning Certain Faculties Claimed for Man" (1868a), y 2.2. "Some Consequences of Four Incapacities" (1868b), publicados en *Journal of Speculative Philosophy*. Además, considera estos trabajos como el punto real de partida del pragmatismo norteamericano (cfr. Bernstein, 2006, p.5):

> Defenderé que el origen del pragmatismo norteamericano recae en una serie de ensayos notables que publicó en 1868-1869 en la revista Journal of Speculative Philosophy. Como muchos de los textos de Peirce, estos artículos son brillantes, extremadamente densos y ocasionalmente crípticos. En las explicaciones estándar del pragmatismo norteamericano (incluyendo la narrativa de James), los ensayos más populares de Peirce, «La fijación de la creencia» y «Cómo hacer claras nuestras ideas» —escritos una década después— son citados como inauguraciones del movimiento pragmatista. Incluso pienso que estos primeros ensayos, especialmente los dos primeros — «Cuestiones concernientes a ciertas facultades pronunciadas para el hombre» y «Algunas consecuencias de cuatro incapacidades »— son esenciales para entender el pragmatismo, e incluso para apreciar la significación de su ensayos más famosos de 1878 (Benstein, 2013, p.19)

En el presente ap., se revisa la lectura bernsteiniana de los dos ensayos en los que Peirce aborda la crítica al cartesianismo:

2.1. *"Questions Concerning Certain Faculties Claimed for Man"* (1868a): con el objetivo de señalar la autonomía de la lógica, Peirce critica la tradición gnoseológica moderna que identifica a la mente como contenedor de representaciones externas "la idea de que el conocimiento se logra cuando somos capaces de representar dentro de la mente la esencia de algo exterior a la misma" (McNabb, 2018, p.25). En este ensayo, Peirce no procura negar un papel a la intuición en la cognición, sino la capacidad para definirla y distinguirla: "A lo largo de este artículo se entenderá el término intuición como una cognición no determinada por una cognición previa del mismo objeto, y, por tanto, determinada por algo fuera de la conciencia" (Peirce, 2012[1868b], p.54). De este modo, si por un lado Descartes considera que una intuición constituye una cognición cuyo contenido no es inferencial sino que muestra a la cosa representada en forma idéntica, apelando a la demostración de la existencia de Dios como garantía externa de objetividad de dichas representaciones, por otro lado, Peirce interpreta que el psicologismo nominalista de Ockham, Hobbes, Berkeley, Locke, Hume y Mill replica el mismo modelo gnoseológico en el que la realidad es la causa eficiente de las sensaciones. Según Bernstein, en este ensayo "Peirce critica el principal error del cartesianismo: la creencia de que existe una forma de conocimiento intuitivo indubitable que puede servir de fundamento para las ciencias" (Bernstein, 2013, p.43). Así, Peirce cuestiona la posibilidad de intuiciones cognitivas determinadas en forma extrínseca a la consciencia misma, que no presuponen conocimiento inferencial y que, a su vez, son utilizadas como fundamento de las inferencias mismas.

Peirce (2012[1868b]) estructura el ensayo con una serie de siete preguntas a partir de las cuales proporciona una aproximación a su teoría acerca del carácter inferencial del pensamiento, que construye su *lógica de la investigación*: "Peirce defiende: a) no tenemos ninguna base para afirmar que conocemos intuitivamente que tenemos intuiciones; y b) no tenemos buenas razones para afirmar que debe haber tales intuiciones" (Bernstein, 2013, p.44).

a) Con respecto a la primera cuestión, a saber, si es posible conocer una cognición determinada por una cognición previa o si se refiere inmediatamente a su objeto "tenemos, entonces, una variedad de hechos, todos los cuales se explican muy fácilmente al suponer que no tenemos ninguna facultad intuitiva de distinguir entre cogniciones intuitivas y mediatas" (Peirce, 2012[1868b], p.58). Peirce dimensiona la "determinación" en su carácter conceptual y causal, cuando la intuición es determinada externamente; por esto, niega toda posibilidad de distinguir si una intuición es auténtica o si ha sido determinada por una cognición previa.

b) Sobre si existe una autoconsciencia intuitiva o una facultad intuitiva que reconozca la presencia del *yo privado*, Peirce (2012[1868b]) entiende que la autoconsciencia es el resultado de una inferencia: "El yo no se intuye sino más bien se desarrolla a partir de una serie de experiencias en las que el niño tiene que dar cuenta de una expectativa frustrada. El niño reconoce una relación entre un fenómeno inesperado y aquello que esperaba y, al hacerlo, supone o infiere un yo como hipótesis para explicar el error" (McNabb,, 2018, p.28). A propósito, Bernstein *yuxtapone* al reconocimiento inferencial de la autoconsciencia la teorización de Wittgenstein sobre el lenguaje privado: "Y encontramos más variaciones de este tema pragmático en la explicación de Mead sobre la génesis social del lenguaje, la explicación de Sellars del «acceso privilegiado» y la explicación de Habermas sobre la auto-conciencia en el contexto de la acción comunicativa y la racionalidad" (Bernstein, 2013, p.48).

c) y d) Con respecto a la tercera cuestión, Peirce (2012[1868b]) objeta la presencia de una capacidad intuitiva para distinguir entre los elementos de distintas clases de cogniciones (percepción, imaginación, creencia, concepción, etc.). Y, en relación con la cuarta cuestión, entiende por introspección a toda percepción directa del mundo interno y sostiene que no hay razón para presuponerla, ya que el único medio para indagar sobre asuntos psicológicos consiste en la inferencia a partir de hechos externos; da entonces una respuesta negativa a ambas cuestiones.

e) La quinta cuestión es sustantiva para el desarrollo general del pensamiento de Peirce, pues se cuestiona si es posible pensar sin signos, y dado que la respuesta es negativa, cabe entonces afirmar que: "A partir de la proposición de que todo pensamiento es un signo, se sigue que todo pensamiento debe dirigirse hacia algún otro, debe determinar a algún otro, puesto que ésa es la esencia de un signo" (Peirce, 2012[1868b], p.64) Así es que todo pensamiento es en sí mismo un signo que depende de otros pensamientos para dar cuenta del propio proceso cognitivo, de acuerdo al carácter triádico de la significación.

Bernstein referencia, entonces, la diferencia entre la relación diádica entre cognoscente y objeto conocido propia de la epistemología representacional y la original propuesta de Peirce, respecto del carácter triádico de la actividad sígnica:

> Un signo (primer término) representa un objeto (segundo término) para un interpretante (tercer término). Esta estructura triádica es una característica esencial tanto de los signos lingüísticos como de los no lingüísticos. En su teoría de los signos, Peirce típicamente habla del «interpretante» más que de «intérprete» porque enfatiza que el interpretante es en sí mismo un signo. Pero si la significación implica el signo, el objeto y el interpretante, y cada interpretante es en sí mismo un signo, existe una serie de signos potencialmente interminable (Bernstein, 2013, p.49)

La semiótica de Peirce sugiere la posibilidad de relacionar los conceptos con la conducta humana y las múltiples formas en que un signo puede ser interpretado, en la medida en que la teoría de los signos lleva implícita una forma de clarificación provisional de los hábitos de conducta y las consecuencias inferenciales de los conceptos y juicios utilizados.

f) En la sexta cuestión, Peirce (2012[1868b]) indaga sobre si un signo de algo absolutamente incognoscible posee significado:

> Lo que pregunta es si un signo puede tener significado o no si está en lugar de algo completamente incognoscible. Algo incognoscible sería algo que no guarda ninguna relación en absoluto con el pensamiento. Si una cosa no está relacionada con el pensamiento, entonces no puede pensarse. Pero lo que Peirce encuentra contradictorio es el mismo hecho de que estamos

considerando el signo de algo incognoscible. Si se concibe, entonces tiene que estar relacionado con el pensamiento. (McNabb, 2018, p.30).

De esta manera, el error y la ignorancia son correlativos a un proceso de cognición del que no participa lo incognoscible, por ser éste un término contradictorio.

g) Por último, sobre la séptima cuestión, Peirce, (2012[1868b]) se pregunta por la existencia de alguna cognición no determinada por una cognición previa y sugiere que es probable que haya habido una cognición primera, en una serie lineal de cogniciones "nuestro estado de cognición en cualquier momento está completamente determinado, de acuerdo con las leyes lógicas, por nuestro estado en cualquier momento anterior. Pero hay muchos hechos en contra de esta última suposición, y por tanto en favor de las cogniciones intuitivas. (Peirce, 2012[1868b], p.66).

Bernstein *yuxtapone* a la crítica peirciana, en *The Pragmatic Turn*, la problematización de Hegel, Wilfrid Sellars (1997), Donald Davidson (1986), John McDowell (1996), pues supone que Peirce deja irresuelto un problema significativo en sus ensayos de 1867-68. En este sentido, Peirce critica el conocimiento intuitivo –libre de toda determinación cognitiva previa– como fuente para una comprensión epistemológica fundacionalista "Hegel y sus seguidores idealistas también niegan que exista conocimiento intuitivo (inmediato) y son igualmente implacables al criticar el fundacionalismo epistemológico" (Bernstein, 2013, p.51). De aquí es que la diferencia que Bernstein traza entre el pragmatismo peirciano y el hegelianismo consistiría en la crítica de Peirce en torno al desconocimiento en Hegel de un "conflicto externo". Para dar respuesta a este conflicto es entonces que actualiza el debate, en conformidad con el propósito A. De este modo:

a) Cita a Davidson (1986) para indicar que las *buenas razones* para sostener una creencia consisten en otras creencias y a

Sellars (1997), para esclarecer que las justificaciones acontecen en un "espacio lógico" en el que se ofrecen y solicitan razones. "Sellars, like Perice, claims that the epistemological doctrine of immediacy or direct intuitive knowledge lies at the heart of much of modern (Cartesian) epistemology" (Bernstein, 2006, p.5). Pero, es en especial en la obra *Empiricism and the Philosophy of Mind* en que, según Bernstein, Sellars (1997) extiende el "mito de lo dado" tanto al racionalismo dogmático como al empirismo escéptico, en tanto "Muchas cosas se han dicho como «dadas»: contenidos de sentido, objetos materiales, universales, proposiciones, conexiones reales, primeros principios, incluso la donación misma" (Sellars, 1997, p. 14).

b) Así también, interpreta que Peirce y Sellars coinciden en que una explicación pertinente de los conceptos presupone el reconocimiento de las normas implícitas en las prácticas, de la misma manera que Sellars comparte con Peirce el falibilismo antiescéptico, al afirmar que la racionalidad del conocimiento científico se obtiene por el carácter auto-correctivo de la investigación, y ya no por sus fundamentos.

En *Mind and World*, McDowell (1996) recupera las perspectivas de Davidson y Sellars, a fin de proponer una alternativa a la oscilación continua entre el empirismo y el coherentismo, esto es, entre el límite causal externo y la intuición racional. Por esto, al abandonar el "mito de lo dado", es viable pensar en un coherentismo o idealismo lingüístico sin límite causal:

Un límite causal, argumenta McDowell, no alivia la preocupación de que nuestra red de creencias pueda carecer de fricción. El modo de apearse de este columpio de McDowell —o, como pudiéramos decirlo, su perspectiva terapéutica de aliviar la preocupación acerca de un «coherentismo sin fricción»— es mostrar que el mundo nos pone límites, pero estos límites han de ser entendidos como un límite racional (Bernstein, 2013, p.53)

Esto implica identificar el modo en que las experiencias poseen ya contenidos conceptuales, esto es, que la experiencia no se muestra como causa eficiente de la consciencia, ni hay tampoco, con Peirce, intuición indubitable dada. Bernstein comprende, entonces, que el pragmatismo peirciano propone una *vía media* a fin de evitar el extremo intuicionista –caracterizado con el "mito de lo dado"– y el idealismo coherentista.

El "conflicto externo" se refiere a la categoría de *segundidad*, mientras que las creencias de Davidson y los conceptos en McDowell, pueden relacionarse con la *terceridad* peirciana: "El «espacio lógico de razones» de Sellars estaría caracterizado por Peirce como *Terceridad*. Pero la *Segundidad* es la categoría que se refiere a la limitación bruta, la compulsividad, la resistencia" (Bernstein, 2013, p.55). Así es que la *vía media* peirciana acontece por efecto de una interacción entre *segundidad* y *terceridad*, esto es, entre la limitación bruta y las creencias o conceptos epistémicos de Davidson, sin reducirse a ninguno de los extremos: lo percibido no se da, sino que se impone de manera compulsiva y limita aquello susceptible de ser conocido. Según Bernstein, los ensayos de 1867-68 "Introdujeron un pragmatismo falibilista que evita el Mito de lo Dado y reconoce la compulsividad bruta de la experiencia. Peirce abrió un nuevo modo de pensar que es aún perseguido hoy en modos originales y excitantes por todos aquellos que han asumido el giro pragmático" (Bernstein, 2013, p.57).

2.2. "Some Consequences of Four Incapacities" (1868b): en este ensayo, Peirce (1868b) apela a presentar "una concepción filosófica que da a la lógica el alcance y la autonomía que requiere para que en verdad entendamos la naturaleza del conocimiento y su crecimiento en las ciencias" (McNabb, 2018, p.31). Entiende que "Descartes es el padre de la filosofía moderna" (Peirce, 2012[1868a], p.81), y postula cuatro tesis críticas al cartesianismo, según el cual:

2.2.1. "Enseña que la filosofía debe empezar con la duda universal, mientras que el escolasticismo nunca había cuestionado los fundamentos" (Peirce, 2012[1868a], p.81): según Peirce, no es posible presuponer en el inicio de la investigación filosófica una duda completa, sino, en cambio, la presencia ineludible de "esos prejuicios [que] no pueden disiparse mediante una máxima, pues son cosas que no se nos ocurre que puedan cuestionarse" (Peirce, 2012[1868a], p.81). Este escepticismo inicial constituye un autoengaño, pues "ponderar cuáles prejuicios han de ser criticados o rechazados no es el punto de arranque de la investigación, sino un producto final, un *logro* de la investigación" (Bernstein, 2013, p.36).

Según Bernstein, este aspecto sostiene el carácter falible de la investigación, en tanto aquello que se muestra como *indubitable* no excluye el que sea a la vez incorregible: toda investigación tiene como punto de partida creencias que se consideran indubitables, y en este sentido, *fundamentales*. En esta línea, Peirce (2012[1868a]):

> Es un anti-fundacionalista cuando el fundacionalismo es entendido como la doctrina que defiende que existen verdades básicas o incorregibles que no son objeto de revisión. Pero no está negando –de hecho, está afirmando-, que todo conocimiento tiene un fundamento en el sentido de que existen tácitamente creencias sostenidas, de las que no dudamos y que tomamos como lo que ha de ser el cimiento de la verdad (Bernstein, 2013, p.37)

La crítica al apriorismo de la duda como máxima que orienta la desestimación de prejuicios será también significativa en "The Fixation of the Belief" (1877). Por su parte, Bernstein (2013) asocia esta tesis peirciana con el carácter auto-correctivo de la investigación científica propuesta por Sellars (1997, p.79).

Ya se ha especificado en 1.2.2.1.1., sobre el carácter inestable de la dialéctica *ambos/y* con que Bernstein articula el *ēthos* pluralista y falibilista de su obra, por lo que es posible, entonces, *yuxtaponer* a la crítica de Peirce lecturas concomitantes con el propósito A, en rigor, *Auto-corregir y actualizar los temas característicos del pragmatismo clásico*. De este modo, si de la crítica peirciana al apriorismo de la duda se obtiene el carácter auto-correctivo y falible de la investigación científica (temas 1 y 2), Bernstein articula esta tesis con Karl Popper (1963), Wilfrid Sellars (1997) y Hans-Georg Gadamer (1960).

a) En relación con Popper, entiende que éste se hace eco del anticartesianismo peirciano cuando "defiende que una investigación crítica consiste en hacer audaces conjeturas para luego criticarlas, probarlas y buscar refutarlas, reafirma la comprensión de Peirce sobre la investigación científica" (Bernstein, 2013, p.36).

b) De la misma manera, comenta en *The Pragmatic Turn* (2010) un pasaje que incluye "a principle that all pragmatists would endorse" (Bernstein, 2006, p.5), a saber: "El conocimiento empírico, como su sofisticada extensión en la ciencia, es racional, no porque tenga un fundamento, sino porque es una empresa auto-correctiva que puede poner en peligro cualquier afirmación, aunque no todas al mismo tiempo" (Sellars, 1997, p.79). Bernstein (2006) entiende que Peirce se anticipa a Sellars en muchos asuntos tales como el rechazo al fundacionalismo epistemológico y a los episodios de auto-identificación, así como a la irreductibilidad de la intersubjetividad en el marco de un antiescepticismo falibilista.

c) Por otro lado, en *Beyond...* y con Gadamer, referencia la crítica a los prejuicios, pues "all understanding involves prejudgments and prejudices. They are indeed what enable us to understand anything" (Bernstein, 1983, p.IX). De aquí, deduce que no hay conocimiento ni comprensión posible sin prejuicios (Bernstein, 1983, p.128), más es preciso desestimar los *prejuicios ciegos* y retener aquellos que se muestran como *habilitadores*: "It is through the hermeneutical circle of understanding that we call upon these forestructures which enable us to understand, and at the same time discriminate critically between blind and enabling prejudices" (Bernstein, 1996, p.37).

En *Beyond...*, Bernstein interroga "how are we to make this crucial distinction? How are we to discriminate which of our prejudices are blind and which are enabling?" (Bernstein, 1983, p.128). Según el filósofo, no hay una respuesta satisfactoria para ello, ya que la vía de la duda metódica cartesiana está descartada –por efecto de la crítica de Peirce–. No obstante, Gadamer propone que es en el encuentro con las obras de arte y los textos, esto es, con la *tradición*, que es posible distinguir claramente entre prejuicios *cegadores* y *habilitadores*, en la medida en que en el diálogo con *el otro* acontece una interpelación que pone a prueba los propios prejuicios.

Este aspecto es significativo en lo que respecta a la noción de *incomensurabilidad*, pues Bernstein advierte que ello permite criticar el "mito del marco" (Popper, 1974, p.56), que postula un eventual estado de cautiverio bajo determinadas representaciones: la tesis de la inconmensurabilidad teorizada por Kuhn, Feyerabend, Rorty e incluso Winch, consistiría en apuntar "to the openness of experience, not to the type of closure where we are enclosed within a wall of prejudices" (Bernstein, 1983, p.129). Bernstein asume la posición gadameriana según la cual los prejuicios *cegadores* son aquellos que imposibilitan la apertura al mundo, a la vez que los relaciona con la autoridad y la tradición. En este sentido, la Ilustración habría comprendido que el concepto de autoridad suponía una forma de obediencia ciega estatuida en una relación de poder y coerción. Sin embargo, el ejercicio de la autoridad requiere, antes bien, del reconocimiento de la superioridad del otro en lo que respecta a la prioridad de su juicio a consecuencia del conocimiento experto que posee para formularlo; de aquí es que *la noción de autoridad se entrelaza con la de conocimiento*:

Acknowledging authority is always connected with the idea that what the authority says is not irrational and arbitrary but can, in principle, be discovered to be true. This is the essence of the authority claimed by the teacher, the superior, the expert. The prejudices that they implant are legitimized by the person who presents them. But in this way they become prejudices not just in favor of a person but a content, since they effect the same disposition to believe something that can be brought about in other ways—e.g., by good reasons. Thus the essence of authority belongs in the context of a theory of prejudices free from the extremism of the Enlightenment. (Gadamer, 2004 [1960], p.281)

Los prejuicios instituidos por la autoridad se ligan al conocimiento, habilitan su ampliación y abren la experiencia al pasado de la tradición que los contiene. Así, la autoridad que ofrece buenas razones para creer en determinado argumento lo hace en el marco de una tradición compartida: "A living tradition not only informs and shapes what we are but is always in the process of reconstitution" (Bernstein, 1983, p.129).

En nota al pie, Bernstein (1983) sugiere revisar la interpretación que Gadamer y MacIntyre realizan sobre el concepto de *tradición*. Pero, en esencia, señala también la posibilidad de comprender la noción gadameriana de racionalidad en cuanto operativa en el marco de la fase de "ciencia normal" kuhniana, los programas de Lakatos y las tradiciones de investigación de Laudan: "In these analyses of science, the concept of tradition is employed to give us a better grasp of the way in which scientific rationality must be situated within living traditions. It is important to be sensitive to differences among various types of tradition and to the ways in which they are reconstituted, criticized, and even overthrown" (Bernstein, 1983, p.130), de lo que se infiere que la escisión realizada por la Ilustración entre razón y tradición es, al menos, insatisfactoria para dar cuenta del modo en que acontece la actividad científica.

Bernstein *yuxtapone* a la crítica peirciana contra el apriorismo de la duda metódica cartesiana, que deviene en escepticismo solipsista, el carácter auto-correctivo de la investigación científica (Sellars, 1997) que se despliega, en conformidad con Popper (1976), en un marco de racionalismo crítico por el que la comunidad científica debe revisar prejuicios cegadores, y acepta, por otro lado, aquellos que son implantados por un determinado esquema de autoridades legitimadas con base en su conocimiento experto. Pues: "Sólo sometiendo por dentro y por fuera nuestros prejuicios, hipótesis y conjeturas a la crítica pública mediante una comunidad relevante de investigadores es que podemos esperar, desde nuestras perspectivas limitadas, probar nuestras creencias, y ocasionar el crecimiento del conocimiento" (Bernstein, 2013, p.40).

2.2.2. [El cartesianismo] "Enseña que la prueba última de certeza se ha de hallar en la conciencia individual, mientras que el escolasticismo se había apoyado en el testimonio de los sabios y de la Iglesia católica" (Peirce, 2012[1868a], p.81): de acuerdo con esta crítica se deduce el carácter falibilista de la investigación científica, pues, Peirce desestima la autoridad de los individuos singulares devenidos en jueces absolutos de la verdad, ya que "en las ciencias en las que los hombres llegan a un acuerdo, cuando se aborda por primera vez una teoría se considera que está en un período de prueba hasta alcanzar ese acuerdo. Después de alcanzarlo, la cuestión de la certeza resulta ociosa, porque ya no queda nadie que dude de ella" (Peirce, 2012[1868a], p.82). Desde aquí, se obtiene que es *en, con y a través* de la *comunidad* cómo han de comprenderse las teorías científicas, en la medida en que "el pensar filosófico debería dejar el mundo velado del cogito y situarse en el proceso de investigación público y observable en el que una comunidad de investigadores participa" (McNabb, 2018, p.32). Peirce describe la práctica llevada a cabo por la comunidad científica frente al solipsismo escéptico de una subjetividad cartesiana auto-engañada y, en este sentido, Bernstein afirma que:

> El pasaje citado más arriba también anticipa la centralidad de la comunidad de investigadores en el pragmatismo de Peirce. Las prácticas y las normas de la comunidad crítica de investigadores son el *locus* de referencia, de prueba y validación de nuestras hipótesis y teorías. Decir que la investigación se auto-corrige es decir que una

comunidad crítica de investigadores tiene los recursos intelectuales de auto-corrección (Bernstein, 2013, p.39)

La descripción que Bernstein realiza de la *praxis* deliberativa es posible, por tanto, por la crítica peirciana al apriorismo cartesiano de la duda, de la que se deduce la consecuente presencia de fundamentos científicos indubitables (contextualmente) pero susceptibles de ser sometidos a un proceso de auto-corrección intersubjetivo (2.1.2.2). En *Richard Bernstein and the Legacy of Pluralism*, Casey (2017) añade que "Such a community is a critical community, and by proposing the deep link between the fallible and the communitarian, Peirce is suggesting that critique and plurivocalitly belong together (…) Only then and in this way can we realize what Bernstein calls tellingly "an engaged fallibilistic pluralism" (Casey, 2017, p. XLIX).

Por último, según Lazo Briones & Leyva Martínez (2013), Bernstein (2013) *yuxtapone* a la crítica de Peirce "las posturas post-hegelianas y sociológicas de pensadores de la segunda Escuela de Frankfurt, principalmente Jürgen Habermas y Axel Honneth, e incluso, Karl Otto-Apel y Hans Joas" (Bernstein, 2013, p.XIV), para dar cuenta acerca del cambio de paradigma, en el siglo XX, desde la filosofía de la conciencia o subjetividad moderna hacia el paradigma de la comunicación y la racionalidad intersubjetiva. En este sentido, cuando Habermas "habla de «pertenencia de sujetos cognoscentes en contextos socializantes de un mundo de la vida», está aludiendo a su (y peirceana) fundamentada crítica de «la filosofía de la conciencia» que ha dominado tanto de la filosofía moderna. Está subrayando el cambio de paradigma de una filosofía de la subjetividad o de la conciencia a una comprensión intersubjetiva o social de los seres humanos que se encuentra en el corazón mismo de su teoría de la acción y racionalidad comunicativa" (Bernstein, 2013, p.187).

2.2.3. [El cartesianismo] "Reemplaza la argumentación multiforme de la Edad Media por un único hilo de inferencia, que depende a menudo de premisas no conspicuas" (Peirce, 2012[1868a], p.81): en el estudio introductorio a la edición en castellano de *The Pragmatic Turn,* Lazo Briones et al., (2013) explicitan que en el pasaje citado, Peirce realiza una de sus propuestas más radicales sobre la argumentación filosófica, pues "La «metáfora de cadena» está estrechamente asociada con la «metáfora de la fundación» y la metáfora del «punto arquimédico» que Descartes utiliza en sus Meditaciones" (Bernstein, 2013, p.41).

La metáfora de cadena lineal supone que el edificio total del conocimiento depende de ciertas premisas incontrovertibles y que, en definitiva, éste puede derrumbarse por completo si tan sólo uno de esos eslabones es muy débil; ello obedece a que el razonamiento filosófico no opera como lo hace la ciencia, esto es, por medio de un esquema de argumentación múltiple que "se parece más a un cable en el que existen múltiples hebras reforzándose unas a otras. Cualquier de estas hebras puede ser débil, pero colectivamente pueden tener una gran fuerza" (Bernstein, 2013, p.42).

La metáfora del cable es arquitectural "but it seeks stability in a much more dynamic way. The cable is strengthened by a plurality of intimately connected fibers woven together to bear whatever load it can by distributing the tension between them. The larger the number and the more tightly interwoven the individual fibers, the more load it is able to bear" (Long 2017, p.44). En tanto el fundacionalismo cartesiano sostiene su estructura sobre la base de ideas claras y distintas representadas por una subjetividad solipsista, el falibilismo peirciano supone la pluralidad de perspectivas en el marco de una comunidad de investigadores que fortalecen el conocimiento, en la medida en que someten a revisión los argumentos ofrecidos por cada uno de sus miembros; ello es claro en "Beyond objetivism and relativism", cuando afirma que "this shift in char- acterizing scientific argumentation is one of the reasons Peirce so emphasized the community of inquirers -- for it is only in and through such a critical community that one can adequately test the collective strength of such multiple argumentation" (Bernstein, 1983, p. 69).

2.2.4 [El cartesianismo] "El escolasticismo tenía sus misterios de fe, pero se proponía explicar todas las cosas creadas. Hay, sin embargo, muchos hechos que el cartesianismo no sólo no explica, sino que vuelve absolutamente inexplicables, a menos que decir que "Dios lo hace así" se considere como una explicación" (Peirce, 2012[1868a], p.81): en la crítica, la cuarta tesis revelaría el carácter no idealista de la filosofía cartesiana por la presencia de un componente absolutamente inexplicable, aunque "Cartesianism, of course, would not itself admit of an unanalyzable ultimate insofar as it presumes to have access through intuition and introspection to a clear and distinct idea of God capable of serving as the foundational principle of explanation (Long, 2017, p.45). En este punto, se observa el carácter realista del idealismo de Peirce, realismo co-implicado en la idea de *comunidad*:

> ¿Qué entendemos por real? Es una concepción que debimos haber tenido por primera vez cuando descubrimos que había un irreal, una ilusión; es decir, cuando por primera vez nos corregimos. Ahora bien, la única distinción que lógicamente exigía este hecho era entre un *ens* relativo a determinaciones interiores privadas, a las negaciones que pertenecen a la idiosincrasia, y un *ens* tal como permanecería a largo plazo. Lo real, entonces, es aquello en lo que, tarde o temprano, la información y el razonamiento resultarían finalmente, y que es por tanto independiente de los caprichos suyos y míos. Por tanto, el mismo origen de la concepción de realidad muestra que esa concepción implica esencialmente la noción de una COMUNIDAD, sin límites definidos y susceptible de un aumento indefinido de conocimiento. Así que esas dos series de cogniciones—la real y la irreal—consisten en aquellas que, en un tiempo suficientemente futuro, la comunidad continuará siempre reafirmando, y en aquellas que, bajo las mismas condiciones, continuará siempre negando (Peirce, 2012 [1868a], p.102).

Bernstein (2013) comenta el pasaje en el tratamiento de la segunda tesis de Peirce, esto es, vinculándolo a 1. La objeción en torno al subjetivismo cartesiano de la que se deduce la presencia de una comunidad de investigadores, que 2. Es incapaz de eludir prejuicios y predisposiciones, pues "Solo sometiendo por dentro y por fuera nuestros prejuicios, hipótesis y conjeturas a la crítica pública mediante una comunidad relevante de investigadores es que podemos esperar, desde nuestras perspectivas limitadas, probar nuestras creencias, y ocasionar el crecimiento del conocimiento" (Bernstein, 2013, p.40)

2.3. *Comunidad de investigadores y sociabilidad de prácticas*: en el epílogo que Bernstein escribe para *Richard J. Bernstein and the Expansion of American Philosophy*, editada por Craig et al., (2017), el filósofo indica que la "ansiedad cartesiana" sume al pensamiento en la dicotomía *o bien/o bien*. Así, es definida como un constructo formulado a partir de lecturas de los ensayos de Peirce, señalados por Bernstein como sustantivos en lo que respecta a las críticas allí vertidas contra el cartesianismo. La "ansiedad cartesiana" da cuenta del deseo humano por hallar certezas fundamentales y ha caracterizado, en particular, a la filosofía occidental moderna: "Peirce charts a philosophical response to Cartesian anxiety that refuses this restrictive dichotomy between rigid foundationalism and fluid relativism by outlining the contours of what Bernstein will later call 'engaged fallibilistic pluralism'" (Long, 2017, p.41). Los pasajes de las *Meditationes de prima philosophia,* comprendidos como punto de partida de la crítica pragmatista, son aquellos que estructuran la metáfora arquitectónica empleada por Descartes y en los que afirma tener derecho, como Arquímedes, a "hallar una sola cosa que sea cierta e indubable" (Descartes, 2010[1641], p.276). La "ansiedad cartesiana" se corresponde así con el temor y pánico revelado por Descartes en las tres primeras meditaciones, a partir de las que se propone reconstruir el edificio total del conocimiento, aboliendo todas sus creencias previas.

En la introducción a *Beyond...* Bernstein (1983) realiza su exposición más extensa acerca de la "ansiedad cartesiana", relacionándola particularmente con la dicotomía *o bien/o bien* aplicada a la filosofía e historia de las ciencias[1]. La *ansiedad es ontológica* –en términos heideggerianos– ya que no sólo revela la posibilidad de un escepticismo radical, sino que se manifiesta en una existencia subsumida a las opciones excluyentes del orden o el caos. De este modo, el objetivismo y el relativismo vienen a ocupar los extremos de la dicotomía que acontece como consecuencia del fundacionalismo cartesiano, pues en el objetivista se halla "la convicción de que hay o debe haber algunas limitaciones permanentes y fijas a las cuales podamos apelar y que sean seguras y estables. En su nivel más profundo, el mensaje del relativista es que no hay limitaciones básicas tales excepto las que inventamos o aceptamos en un momento dado y por un tiempo)" (Bernstein, 2018[1983], p.62).

En conformidad con la dialéctica inestable con la que Bernstein apela a A), en *Beyond…* la *ansiedad* es interpretada en el contexto de los debates sobre 2.3.1. La selección de teorías científicas, propuesta por Thomas Kuhn (1962) y 2.3.2. La inconmensurabilidad en las ciencias naturales y sociales, leída a partir de los trabajos de Feyerabend y Winch, respectivamente.

2.3.1. *La selección de teorías científicas*: se estructura este ap., a partir de las definiciones acerca de 2.3.1.1. *Paradigma y ciencia normal* y 2.3.1.2. *Crisis y revolución científica*, que caracterizan a la teoría kuhniana, así como 2.3.1.3. *Deliberación comunitaria de valores* y 2.3.1.4. *Críticas y acuerdos con Kuhn*, apartados en los que se extiende la interpretación de Bernstein sobre la falibilidad de los criterios de validación y normas de las comunidades de investigadores.

---

[1] Así, sugiere que la crítica no se realiza hacia el Descartes histórico, pues en las *Meditaciones…*, éste narra la travesía del alma que culmina con la reafirmación de una existencia falible y sujeta a la más radical contingencia y engaño, de no ser por la presencia de un Dios benévolo que la sostiene: "Leer las meditaciones como una travesía del alma nos ayuda a dar cuenta de que la búsqueda de Descartes de un fundamento o un punto arquimídeo es más que un artilugio para resolver problemas metafísicos y epistemológicos" (Bernstein, 2018[1983], p.60).

En 1962, es publicada la primera edición de *The Structure of the Scientific Revolutions,* la obra más significativa de la llamada "Nueva filosofía de la ciencia", en la que Thomas Kuhn integrará su comprensión de la filosofía e historia de las ciencias, influenciado por Norwood Hanson, Arthur O. Lovejoy, Alexander Koyré, Hélène Metzger, Anneliese Maier, Émile Meyerson, James B. Conant; la psicología de la Gestalt y la obra de Jean Piaget; la obra de Kuhn renovó los programas de investigación metacientíficos predominantes hasta el momento, en rigor, la posición confirmacionista carnapiana y el racionalismo crítico popperiano:

> La obra de Kuhn (y, a un nivel más general la filosofía postempirista y la historia de la ciencia) se relaciona con la ansiedad cartesiana y con el movimiento más allá del objetivismo y el relativismo. Los ataques persistentes de Kuhn a la idea de un algoritmo para la elección de teoría, su crítica de la idea de un lenguaje de observación permanente y neutral y su socavamiento de la noción de conjunto determinado de criterios científicos que puedan servir de reglas o condiciones necesarias y suficientes para resolver disputas científicas pueden interpretarse como un cuestionamiento de la ansiedad cartesiana (Bernstein, 2018[1983], p.116).

2.3.1.1. *Paradigma y ciencia normal:* la noción que vertebra *The Structure...* es la de "paradigma", aunque su definición en sentido estricto es vaga y ambigua, de acuerdo con los veintiún sentidos distintos detectados por su comentarista M. Masterman: "Kuhn, desde luego, con ese estilo casi-poético que tiene, hace verdaderamente difícil para el lector superficial la elucidación de lo que es un paradigma" (Masterman, 1970, p.162). En las sucesivas revisiones realizadas por Kuhn, el término será comprendido como "paradigma-matriz disciplinar" que alcanza un consenso estricto en la comunidad científica, período éste denominado "ciencia normal" en el que la comunidad se ocupa de los mismos problemas y es gobernada, de manera sincrónica, por un único paradigma que tiene ya su solución asegurada y requiere de la destreza o el ingenio del científico para ser hallada: "Los paradigmas guían la 'ciencia normal', un tipo de 'solución de rompecabezas' mediante el cual el paradigma dominante pasa a determinarse y precisarse más en profundidad conforme se aplica a nuevos fenómenos" (Bernstein, 2018[1983], p.65).

La práctica resolutiva de problemas es la que consuma una mayor precisión y articulación del paradigma-matriz disciplinar, que amplía su campo de aplicación; es en este momento en el que la actividad científica opera de acuerdo con un criterio de racionalidad hipotético-deductivista por la que las hipótesis formuladas adquieren validez con fundamento en el marco conceptual ofrecido, tornándolo más fértil en lo que respecta a su aplicabilidad:

> El éxito de un paradigma en sus momentos iniciales consiste en gran medida en una promesa de éxitos detectable en ejemplos seleccionados y aún incompletos (...) La *ciencia normal* consiste en la actualización de dicha promesa, actualización que se logra extendiendo el conocimiento de aquellos hechos que el paradigma exhibe como especialmente reveladores, aumentando la medida en que esos hechos encajan con las predicciones del paradigma, así como articulando más aún el paradigma mismo" (Kuhn, 2013[1962], p.133)

Si una hipótesis es rechazada, ello no se debe, según Kuhn, a un problema del paradigma, sino antes bien, a la incapacidad resolutiva del científico que acaba en el descrédito. Sin embargo, cuando ante un problema propuesto por el *puzzle-solving* se reitera el fracaso resolutivo, ello indica la presencia de una anomalía en cuanto síntoma de una posible crisis susceptible de ser generalizada: "Los científicos no rechazan ni abandonan el paradigma dominante, incluso cuando se descubren discrepancias y anomalías. Lo que parece ser una anomalía o un problema que se opone a la solución puede resultar ser un obstáculo que puede superarse y explicarse sin abandonar el paradigma imperante" (Bernstein, 2018[1983], p.65).

La *ciencia normal* constituye la fase sustantiva en la que una matriz disciplinar se encuentra subsumida a un paradigma hegemónico, caracterizándose entonces por la resolución de un *puzzle-solving* en el que no se esperan novedades significativas. Pero, como consecuencia de la persistencia de *anomalías*, un pequeño grupo de investigadores comienza el desarrollo de nuevas perspectivas, instituyendo un nuevo paradigma-matriz disciplinar que es gradualmente adoptado por la comunidad: "El surgimiento de teorías nuevas se ve usualmente precedido por un período de profunda inseguridad profesional debido a que exige una destrucción a gran escala del paradigma, así como grandes cambios en los problemas y técnicas de la ciencia normal" (Kuhn, 2013[1962], p.196).

2.3.1.2. *Crisis y revolución científica:* la "revolución científica" es descrita por Kuhn utilizando como analogía las crisis políticas, paralelismo que emplea ya que "las instituciones existentes han dejado de abordar adecuadamente los problemas planteados por un medio que ellas mismas han creado en parte. De manera muy similar, las revoluciones científicas se inician por una sensación creciente (...) de que el paradigma existente ha dejado de funcionar adecuadamente en la exploración de un aspecto de la naturaleza hacia el que había conducido previamente el propio paradigma (Kuhn, 2013, p.230). En ambos casos, se muestra como ambivalente la presencia de un sentimiento de desconfianza con respecto a la capacidad resolutiva a través de los medios producidos para hacerlo, contexto que da lugar a una revolución en la que un paradigma "surge repentinamente, a veces en medio de la noche, en la mente de un hombre sumergido profundamente en la crisis" (Kuhn, 1962, p.149).

Con la revolución, la comunidad científica abandona el paradigma ya consumado en su heurística para comenzar a resolver los problemas propios del nuevo *puzzle-solving;* aquellos que permanecen en la anterior matriz disciplinar son, en general, apartados:

> Cuando Kuhn negó que la elección de teorías o paradigmas en las revoluciones científicas sea una cuestión de prueba o apelación a evidencia, cando insistió en que los 'defensores de paradigmas enfrentados tienen siempre cuando menos propósitos algo cruzados',

cuando comparó el cambio de paradigmas con 'cambios gestálticos' y habló de tal cambio como un tipo de conversión mediante la cual pasaba a ver el mundo desde una óptica diferente, y cuando afirmó que 'después de una revolución los científicos trabajan en un mundo diferente', provocó una tormenta de protestas. La discusión explícita de la racionalidad no desempeñaba un papel importante en *La estructura de las revoluciones científicas*, pero muchos de los críticos de Kuhn enseguida sostuvieron que su imagen de la ciencia hacía de ella una actividad irracional, subjetivista y relativista donde rige la 'psicología de masas'" (Bernstein, 2018[1983], p.66).

Bernstein atribuye las polémicas suscitadas en torno a la obra de Kuhn a la "ansiedad cartesiana", pues, aunque ni desde la perspectiva kuhniana ni la de sus críticos se defendía el fundacionalismo, no obstante, el debate centrado en la búsqueda de criterios absolutos de demarcación entre ciencia y aciencia, o algoritmos para determinar la validez de teorías científicas en épocas de crisis, había de comprenderse como un legado propio del cartesianismo, de modo que la discusión siguió "estando infestada del legado del "o bien/ o bien" cartesiano; muchos participantes de dichas disputas asumen una postura como si debiéramos elegir entre las alternativas del objetivismo (por ejemplo, el realismo científico) y el relativismo" (Bernstein, 2018[1983], p.68); *o bien hay criterios determinados desde el contexto de justificación metacientífico, o bien la actividad científica es irracional en el contexto de descubrimiento*: "Either there is some support for our being, a fixed foundation for our knowledge, or we cannot escape the forces of darkness that envelop us with madness, with intellectual and moral chaos" (Bernstein, 1983, p.18).

Es en el marco de la revolución científica como estado de desacuerdo racional que Bernstein *yuxtapone* la perspectiva kuhniana en el tratamiento de los temas 2. y 3., del pragmatismo, en rigor: Falibilismo, comunidad de investigadores y sociabilidad de las prácticas. Con Peirce "The shift of orientation from the foundation paradigm to that of inquiry as a continuous self-corrective process requires us to rethink almost every fundamental issue in philosophy"

(Bernstein, 1971, p.177). De esta suerte, es la comunidad científica en fase normal y revolucionaria kuhniana a la que Bernstein incluye la noción de *empresa auto-correctiva*, en un marco falibilista situado más allá de la dicotomía fundacionalista que supone la disyuntiva excluyente entre la reglamentación objetiva de criterios de demarcación absolutos, o la relatividad socio-histórica e irracional de los mismos.

En esta línea, en la *Postdata* de 1969 Kuhn propone *la inexistencia de un algoritmo único para elegir teorías científicas*. En efecto, sostiene que la responsabilidad de la elección de una teoría es competencia de una *comunidad científica* (Kuhn, 2013, p. 382), consistente en "quienes practican una especialidad científica. Hasta un grado no igualado en la mayoría de los otros ámbitos, han tenido una educación y una iniciación profesional similares. En el proceso, han absorbido la misma bibliografía técnica y sacado muchas lecciones idénticas de ella" (Kuhn, 2004, p. 272).

La selección de teorías no depende exclusivamente de la satisfacción de un conjunto de instrucciones lógico-probabilísticas algorítmicas, dado que éstas se han aprendido incluso de un modo no verbal, a través de la experiencia provista por la unión entre palabras y ejemplos concretos, a saber, por un *conocimiento tácito* obtenido a través de la práctica misma de la ciencia. La resolución de enigmas obedece al aprendizaje de ejemplares previos que *apenas recurren a veces a generalizaciones simbólicas*, sin internalización explícita de reglas, esto es que "tal referencia al conocimiento tácito y el consecuente rechazo de las reglas ponen en relieve otro problema que ha interesado a muchos de mis críticos y que pareció aportar una base para acusarme de subjetividad e irracionalidad" (Kuhn, 2004, p. 293).

Bernstein (1983) recupera el hecho por el que, en tiempos de crisis y revoluciones, el tipo de argumentación que se da entre los miembros de la comunidad "no puede resolverse mediante una apelación a los cánones de la lógica deductiva o la prueba ni mediante apelación directa alguna a la observación, la verificación, la confirmación o la falsificación. Ese es el contexto dentro del cual

Kuhn introduce la controversial noción de persuasión y su concepto relacionado de 'conversión'" (Bernstein, 2018[1983], p.104).

Pese a las acusaciones respecto al supuesto carácter no-cognitivo de la persuasión, Bernstein sugiere que en *The Structure...* Kuhn tiene la intención de describir el marco crítico en que la *persuasión racional* caracteriza a las argumentaciones científicas.

2.3.1.3. *Deliberación comunitaria de valores*: en *Beyond...* Bernstein referencia un extenso pasaje de "Reflections on my Critics", en que Kuhn afirma:

> Lo que niego entonces no es ni la existencia de buenas razones ni que dichas razones sean del tipo que suele describirse. No obstante, insisto e que tales razones constituyen valores a aplicar en la toma de decisiones más que reglas de elección. Los científicos que las comparten, sin embargo, pueden tomar diferentes decisiones en la misma situación concreta. Hay dos factores profundamente involucrados. En primer lugar, en muchas situaciones concretas, los diferentes valores, a pesar de constituir todos buenas razones, conducen a diferentes conclusiones, diferentes elecciones. En tales casos de conflictos de valores (por ejemplo, una teoría es más simple pero la otra es más precisa), el peso relativo que diferentes personas adjudican a diferentes valores puede desempeñar una función decisiva en la elección individual. Lo más importante es que, si bien los científicos comparten dichos valores y deben seguir haciéndolo si la ciencia ha de sobrevivir, no los aplican de la misma manera. Diferentes personas pueden juzgar de maneras muy diferentes la simplicidad, el alcance, la productividad e incluso la precisión (lo cual no quiere decir que sus juicios sean arbitrarios). Una vez más, sus conclusiones pueden diferir sin violar ninguna regla aceptada" (Kuhn, 1970, p.262)

Bernstein cree sustantivo el uso del término "valor" como parte del vocabulario correspondiente al discurso práctico, ya que exhibe afinidades con la *frónesis* aristotélica, una forma de razonamiento que media entre principios generales y casos concretos. Así, en tiempos de crisis y revolución científica, los principios o valores que guían la práctica científica se hallan sujetos a deliberación *fronética*: "Eso se corresponde con la afirmación de Kuhn de que los criterios 'universales' que comparten los científicos tienen la apertura suficiente como para requerir interpretación y consideración sensata de las alternativas cuando se hacen elecciones específicas entre paradigmas rivales y teorías" (Bernstein, 2018[1983], p.107).

La deliberación racional sobre teorías forma parte de las prácticas habituales de la comunidad científica, en tanto el desacuerdo racional es susceptible de ser resuelto a partir ya no de pruebas, sino de la *persuasión racional* sostenida a partir del peso acumulativo de argumentos complejos, formulados en defensa de una teoría o paradigma determinado.

A fin de evitar el subjetivismo (o irracionalidad) respecto de la posible arbitrariedad en la decisión sobre los valores que norman las prácticas y su aplicabilidad para decidir respecto de las pretensiones de validez o racionalidad de los argumentos, Bernstein entiende que la actividad científica consiste en la deliberación crítico-*fronética,* que involucra la elección de teorías y requiere de "imaginación, interpretación, la consideración de alternativas y la aplicación de criterios que en esencia son abiertos" (Bernstein, 2018[1983], p.111), de modo que los juicios se encuentran soportados por razones que varían en el curso del desarrollo científico mismo:

> El tema crucial tiene que ver con la relación entre las razones dadas y mi juicio. Las razones no 'demuestran' el juicio, sino que lo sustentan. En una situación concreta puede haber razones mejores y peores (aun cuando no haya reglas claras y precisas para explicar qué es mejor y qué es peor). Puede haber muchas situaciones en las cuales, incluso después de dar razones más sólidas a favor y en contra, podemos reconocer que los rivales en desacuerdo con nosotros son racionales y nadie está cometiendo un error, siendo poco científico o irracional (Bernstein, 2018[1983], p.110).

Con Peirce, no hay criterios indubitables a partir de los cuales determinar la cientificidad de una teoría, pues la investigación está sometida a un proceso de auto-corrección comunitaria (cfr. Sellars, 1997, p.79) que supone el falibilismo. De esta manera, la racionalidad crítica descrita por Bernstein promete exorcizar la "ansiedad cartesiana", que supone la apelación a valores absolutos como *locus* referencial para la determinación de la cientificidad o validez de teorías. Y, pese a la revisión kuhniana en torno al carácter abierto de los valores comunitarios, Bernstein entiende que Kuhn no consuma una respuesta satisfactoria a los problemas que presenta, de modo que es preciso entender sus comentarios "más bien como la apertura de cuestiones que deben investigarse si hemos de comprender como corresponde la investigación científica y los sentidos en los cuales es una investigación racional, cuestiones que han estado en el primer plano de la discusión desde la publicación de *La estructura de las revoluciones científicas* (Bernstein, 2018[1983], p.114).

2.3.1.4. *Críticas y acuerdos con Kuhn*: el tratamiento bernsteiniano de la propuesta de Kuhn es concordante con su propia lectura de la dialéctica hegeliana, por la cual es lícito dar cuenta de las determinaciones que forman parte del diálogo propio de la filosofía postempirista entre Feyerabend, Lakatos y Popper, y luego, advertir las concordancias en torno a la naturaleza de la actividad científica. De esta manera, Bernstein *yuxtapone* la posición de Feyerabend a la deliberación comunitaria sobre las normas y valores que estructuran las prácticas de la comunidad científica, en los términos en que "no niega que en situaciones concretas haya cánones, procedimientos, criterios y métodos aceptados para probar y evaluar nuevas hipótesis y teorías. Dice que dichos elementos no son necesarios ni suficientes para proporcionar criterio objetivo de evaluación y puede o debería violárselos para promover la investigación científica" (Bernstein, 2018[1983], p.118). Bernstein pretende dar cuenta de las perspectivas de Feyerabend en que se apela a exorcizar la "ansiedad cartesiana", al interpretar que la actividad científica no debe ser subsumida a un conjunto de normas fijas y permanentes, y por ello, trascendentales y ahistóricas.

    a) Si Feyerabend afirma: "Por doquier observamos que los grandes avances científicos se deben a una intervención exterior que logra prevalecer ante las más básicas y 'racionales' 'reglas metodológicas'" (Feyerabend, 2018, p.305), según Bernstein (2018), el aporte de Lakatos consiste en señalar que las teorías sobre racionalidad instantánea fallan y que, por ello, es engañoso inferir la racionalidad de una elección teórica en consideración de una situación específica. Así, es preciso acudir a una reconstrucción racional de los programas de investigación y a su desarrollo histórico, en el modo en que estos se reemplazan, degeneran o revierten su dirección de degeneración: "Lakatos no está en realidad en desacuerdo con Feyerabend, pero su principal preocupación es un conjunto de preguntas diferente: ¿Podemos hacer una reconstrucción racional de crecimiento del conocimiento científico? ¿Podemos dar una explicación de lo sucedido donde aislemos razones (y no solo causas) que expliquen por qué un programa de investigación o teoría ha reemplazado a un rival?" (Bernstein, 2018[1983], p.124).

b) Por su parte, concede que Feyerabend, Lakatos y Kuhn coinciden en el carácter histórico de la *praxis* científica, así como en la insuficiencia de los criterios de evaluación de teorías y la aplicabilidad de análisis sincrónicos de teorías para reconstruir en términos racionales la historia de la ciencia. No obstante, con Rorty, señala un desacuerdo significativo al tratar el caso ejemplar de disputa entre el Cardenal Bellarmino contra Galileo:

> ¿Podemos encontrar una manera de decir que las consideraciones que el Cardenal Bellarmino propuso contra la teoría copernicana (las descripciones bíblicas de los cielos *fueron* 'ilógicas o poco científicas?` (…) Si la pregunta sobre Bellarmino se responde con una negativa, parece poner en peligro todo un complejo de ideas que se refuerzan entre sí (la filosofía como disciplina metodológica independiente de la ciencia, la epistemología como la provisión de conmesuración, la racionalidad como algo posible en los

puntos en común que hacen posible la conmesuración? (Bernstein, 2018[1983], p.124).

c) Bernstein responde de manera negativa al interrogante formulado, en coincidencia con Feyerabend, ya que es improbable la existencia de normas de racionalidad independientes de la práctica científica con las cuales demarcar la cientificidad o validez de una teoría. De la misma manera, coincide con Kuhn y Lakatos al momento de consentir en que es posible dar una explicación narrativa correcta de las razones y argumentos que prevalecieron.

Bernstein (2018) sintetiza el debate, al afirmar que:

Cuando damos tal explicación, no apelamos a normas permanentes y atemporales de racionalidad disponibles (o que deberían estar disponibles) sino a aquellas razones y prácticas que se forjan durante la investigación científica. Lo que un científico dado, o incluso una comunidad de científicos, considera 'buenas razones' puede más tarde no aceptarse más como buenas razones. Pero cuando eso sucede no es una cuestión de 'mera' retórica de apoyo arbitrario o un conjunto de valores por sobre otro conjunto (…) Rorty tiene razón cuando afirma que es una ilusión pensar que hay un conjunto de normas ahistóricas de racionalidad que el 'filósofo' o el epistemólogo pueden descubrir y que nos dirán sin ambigüedad quién es racional y quién no (…) Merodeando en el trasfondo de todo esto, hay una falsa dicotomía: o normas permanentes de racionalidad (objetivismo) o aceptación arbitraria de un conjunto de costumbres contra su rival (relativismo) (Bernstein, 2018[1983], p.124).

Este pasaje de *Beyond...* es relevante para comprender la factibilidad de reconstrucción racional de la trama histórica en la que se desarrollan las comunidades de investigación, en un marco de deliberación en el que se ofrecen buenas razones con pretensión de validez y tentativas para soportar la crítica, con implicaciones, consecuencias lógicas y derivaciones de distinta dimensión: "Los científicos siempre están obligados a dar una explicación racional de lo correcto y equivocado de la teoría que esté desplazándose y a explicar cómo su teoría puede explicar lo 'verdadero' de la teoría precedente (cuando se la reconstruye de manera adecuada) y lo 'falso' o inadecuado" (Bernstein, 2018[1983], p.128).

Con respecto a las normas, valores o criterios de validación de las teorías, su historicidad no debe conducir a una forma de escepticismo relativista, entrelazado a la dicotomía excluyente que propone el cartesianismo fundacionalista, pues, las transformaciones normativas que guían a la actividad científica obedecen al falibilismo y a la finitud de la racionalidad humana.

Tras *yuxtaponer* a los temas 1 y 2., del pragmatismo las perspectivas de Kuhn, Feyarebend, Lakatos y Rorty, es entonces que Bernstein (2018) se propone sistematizar la imagen postempirista de la ciencia, afirmando que:

a) El cartesianismo fundacionalista, que apelaba a la fundamentación del método científico a partir de la especificación de un metamarco apriórico para determinar la validez o cientificidad de hipótesis o teorías, fue puesto en cuestión por Peirce, y luego, por Quine, Sellars o Popper, quienes proponen una comprensión alternativa de la historia de la ciencia sin sustantivar el carácter permanente de las reglas, normas y métodos de la investigación científica. Las metaciencias deben indagar, por esto, respecto de las prácticas y normas históricas forjadas en el seno mismo de la comunidad de investigadores.

b) No es posible, con Feyerabend y Rorty, establecer una matriz permanente a partir de la cual determinar los modos en que se han expresado los buenos y malos argumentos: "El 'anarquismo epistemológico' de Feyerabend debe comenzarse con la verdad implícita en la 'metodología de los programas de investigación' de Lakatos –que, al menos en retrospectiva, podemos hacer una reconstrucción racional que distinga las razones (no sólo las causas) por las cuales un programa de investigación se ha impuesto sobre su rival" (Bernstein, 2018[1983], p.132). Ello conduce a caracterizar la naturaleza auto-correctiva del proceso de deliberación propiciado por la comunidad científica, que eventualmente puede incluso poner en cuestión las normas metodológicas utilizadas, pues no es correcto suponer que existe un fundamento indubitable sobre el cual inteligir la actividad científica en general.

c) Bernstein advierte, por un lado, que pese a que las diferentes épocas de la investigación científica se desarrollan con diferentes normas, es posible la comparación y comunicación entre diferentes paradigmas por caminos múltiples. Por otro lado, "es una ilusión pensar que hay alguna forma directa en la cual podamos apelar a aspectos selectos de la historia de la ciencia para justificar afirmaciones integrales sobre la naturaleza de la ciencia" (Bernstein, 2018[1983], p.132), tal como lo hacen Kuhn, Lakatos, Feyerabend, Pooper, Toulmin o Shapere, entre otros.

d) El carácter práctico de la racionalidad supone la posibilidad de elección, deliberación y crítica en un marco en el que las comunidades de ciencia comparten criterios que aplican para tomar decisiones específicas. En momentos de revolución científica, afirma Bernstein, la argumentación requiere de persuasión racional "que no puede asimilarse a modelos de prueba deductiva o generalización inductiva" (Bernstein, 2018[1983], p.136).

e) La actividad llevada a cabo por las comunidades de investigadores y las formas en las cuales interviene la intersubjetividad *dialógico-conversacional* como unidad epistemológica de indagación metacientífica, co-implica distinguir en ellas la íntima relación dialéctica entre sus finalidades descriptivas y normativas, que abordajes como el kuhniano excluyen:

Con respecto a ello, también Peirce vio hace mucho tiempo que todo análisis adecuado (incluso un análisis descriptivo adecuado) debe tener en cuenta las normas integradas a la comunicación intersubjetiva, normas que sirven como ideales regulativos y críticos de tal investigación (y que pueden estar sujetas a otras interpretaciones y críticas). En otras palabras, si queremos comprender qué es la ciencia, no basta sólo con describir qué hacen los científicos (en algún sentido restrictivo y empirista del término 'descripción'), sino que debemos también tomar en cuenta las normas constitutivas de la investigación científica, incluso cuando los científicos violen dichas normas (Bernstein, 2018[1983], p.141).

2.3.2. *Inconmensurabilidad*: en *The Structure...* la revolución produce "inconmensurabilidad", fenómeno que Kuhn describe con fundamento en la teoría de Norwood Hanson y, por extensión, también en la *Gestalt*: "Los cambios de paradigma hacen que los científicos vean de un modo distinto el mundo al que se aplica su investigación. En la medida en que su único acceso a dicho mundo es a través de lo que ven y hacen, podemos estar dispuestos a afirmar que tras una revolución los científicos responden a un mundo distinto" (Kuhn, 2013, p.256). Esta situación conduce a un cambio sustantivo en la estructuración de los compromisos comunitarios, dado que es precisamente la matriz disciplinar la que ve ya el mundo de acuerdo a los componentes del nuevo paradigma aprendido, resignificando el conjunto del vocabulario científico y de las prácticas realizadas, lo que conduce a posibles *malentendidos* en la comunicación inter-paradigmática: "Lo que pueden hacer los que se ven envueltos en una ruptura de la comunicación es reconocerse mutuamente como miembros de diferentes comunidades lingüísticas y hacerse entonces traductores" (Kuhn, 2013, p.385).

Bernstein elucida el problema de la inconmensurabilidad, de manera extensiva, en *Beyond...* y en el capítulo: "Incommensurability and Otherness Revisited" de *The New Constellation*, traducido al castellano por Rivero (1991). En este sentido, el tratamiento más pertinente para dar cuenta de la historia de la ciencia lo realiza en la primera de las obras referenciadas, a fin de comprender la disyunción excluyente *o bien/o bien*, en el contexto de los debates en torno al objetivismo y al relativismo. En este sentido, aquellos que se inclinan por la tesis de la inconmensurabilidad, la comprenden como liberadora en lo que respecta a conducir a una objeción general hacia caracterización trascendentalista de las normas o juegos de lenguaje, mientras que los objetivistas la emplean para rechazar las consecuencias de aquello que se cree que se infiere de ella, como el subjetivismo, irracionalismo o escepticismo. (cfr. Bernstein, 2018[1983], p.144).

Bernstein realiza el examen sobre la inconmensurabilidad "bien en el sentido más localizado de la inconmensurabilidad de teorías de paradigma científico, bien en el sentido más general de la inconmensurabilidad de formas de vida, culturas y tradiciones" (Bernstein, 2018[1983], p.179). Esta distinción es trazada por Bernstein de acuerdo a cómo se dimensiona la inconmensurabilidad en: 2.3.2.1. Las ciencias naturales –acude a Kuhn y a Feyerabend–, y 2.3.2.2., en las ciencias sociales –y referencia allí a Geertz y a Winch–
.

2.3.2.1. *Inconmensurabilidad en las disciplinas naturales*: tras pasar revista de los distintos sentidos atribuidos por Kuhn a la inconmensurabilidad, interpreta que ésta ha sido comprendida de tres maneras distintas, como: 2.3.2.1.1. *Incompatibilidad* lógica, 2.3.2.1.2. *Inconmensurabilidad* en sentido propio y, por último, como 2.3.2.1.3 *Incomparabilidad*.

2.3.2.1.1. La *incompatibilidad* es lógica y es empleada por Kuhn como un argumento crítico en contra del objetivo público trazado por la *concepción estándar*, tendiente a derivar en términos deductivos teorías científicas –entendidas como sistemas axiomáticos–, a fin de demostrar el carácter acumulativo del progreso científico. No obstante, la reconstrucción lógica de teorías científicas omite, según Bernstein, aquello que Kuhn y Feyerabend intentan enfatizar: la conflictividad constitutiva del desarrollo científico, supuesta en la posibilidad de inteligir fases revolucionarias. Así, la incompatibilidad lógica se presenta como una tesis circunscripta a dar cuenta acerca del modo en que el empirismo lógico invisibiliza el contexto de descubrimiento mismo, y es en este punto que Bernstein *yuxtapone* a la comprensión kuhniana sobre incompatibilidad lógica de teorías la interpretación dialéctica hegeliana que supone el conflicto en el seno de la *Aufhebung*, pues: "La teoría de Eisntein al mismo tiempo niega la de Newton (muestra que es falsa), la preserva (puede reconstruir la 'verdad' implícita en la teoría de Newton mediante la explicación de una transformación sufrida por ella) y niega y preserva la teoría newtoniana mediante la propuesta de una nueva teoría rival que supera lo logrado por Newton" (Bernstein, 2018[1983], p.148). Se observa en Hegel la conservación del conflicto como lógica subyacente al cambio conceptual, concepto que Bernstein había anticipado en *Praxis and Action* cuando afirmaba que "the way in which this story develops is through the agency of conflicting and contradictory positions. From his perspective, the pluralism of past philosophy is not a source of despair and frustration, but a virtue and a necessity it is the means by which the truth becomes manifest" (Bernstein, 1971, p.3).

2.3.2.1.2. En Kuhn, el fenómeno de la *inconmensurabilidad*, en sentido propio, supone la incompatibilidad de paradigmas rivales y la posibilidad de una *comunicación parcial* entre los defensores de cada uno. No obstante, es también supuesto que "la tradición científica normal que surge de una revolución científica es no sólo incompatible sino a menudo realmente inconmensurable con la que existía con anterioridad" (Kuhn, 1962, p.166). Esta tesis fuerte de la *inconmesurabilidad* es puesta en cuestión por Putnam y revisada por Kuhn (1989) en "Conmensurabilidad, comparabilidad y comunicabilidad", para elucidar el hecho por el que el término "inconmensurable" es utilizado de un modo metafórico, y señala, en definitiva, el estado de dos teorías que carecen de un lenguaje al que puedan reducirse sin pérdida.

Bernstein recupera la reconstrucción de la "tesis de la

inconmensurabilidad" de Kuhn realizada por Gerald Doppelt, para señalar que ésta opera en el terreno de los *problemas* y de las *normas*, y que, de aquí, cuestiona la idea según la cual debe haber un marco objetivo único de conmensuración de teorías (vinculado ello con el fundacionalismo cartesiano). Este aspecto es relevante, pues, signa también el modo en que la inconmensurabilidad intenta derribar el mito según el cual "el desarrollo científico ofrece evidencia firme e inequívoca del dogma de que hay un 'conjunto de reglas que nos dicen cómo puede llegarse a un acuerdo racional sobre qué resolvería el problema en cado punto en el cual las afirmaciones parecen estar en conflicto'" (Bernstein, 2018[1983], p.153).

2.3.2.1.3. Es desde esta perspectiva que, según Bernstein, Kuhn propone un camino en orden a comparar teorías científicas rivales y evaluarlas de un modo racional, sin acudir a reglas fijas para hacerlo:

> En resumen, podemos decir que para Kuhn las teorías de paradigmas rivales son lógicamente *incompatibles* (y, por tanto, realmente en conflicto entre sí); *inconmensurables* (y, por ende, no pueden siempre medirse unas con otras punto por punto) y *comparables* (pueden compararse con otras de muchas maneras diferentes sin que sea necesario suponer que hay o debe haber una red fija común mediante la cual medimos el progreso (Bernstein, 2018[1983], p.153)

La comparabilidad de teorías es, luego, señalada a partir de las notas con las cuales Feyerabend caracteriza la inconmensurabilidad: a) Los marcos de pensamiento (acción y percepción) que son inconmensurables, b) El desarrollo de la percepción y del pensamiento, que atraviesa etapas históricas inconmensurables entre sí, y c) Las perspectivas de los científicos, que difieren de un modo análogo a como sucede con las culturas, incluso cuando las teorías abordan el mismo tema.

Así, Feyerabend reemplaza la reconstrucción propuesta por el análisis lógico de teorías propio de la *concepción estándar*, por un "método antropológico" orientado a estudiar la estructura de la ciencia y que, según Bernstein, es comparable con las descripciones realizadas por la hermenéutica. El método consiste en hacer uso de la *comparación* y del *contraste* a fin de comprender aquello que es característico de un estilo inconmensurable, atendiendo al detalle y señalando similitudes y diferencias con otros estilos y formas de vida. Feyerabend toma de Clifford Geertz los conceptos de "experiencia próxima" y "experiencia distante", de modo tal que, en el análisis, sea posible evitar "el extremo de contemplar en silencio algo sin comprenderlo en absoluto y el extremo de proyectar con demasiada facilidad y superficialidad nuestras propias creencias, actitudes, clasificaciones y formas simbólicas arraigadas en el fenómeno ajeno" (Bernstein, 2018[1983], p.158).

El tratamiento de la inconmensurabilidad según Feyerabend, requiere entonces de un "método antropológico" a partir del cual realizar un abordaje de la historia de la ciencia que sostenga la inconmensurabilidad como mediación para determinar experiencias próximas y distantes con las que comprender los acontecimientos sucedidos, bajo el presupuesto según el cual, pese a no haber reglas fijas y determinadas para distinguir interpretaciones mejores o peores, hay no obstante una forma racional de justificar los juicios comparativos que evalúan teorías.

Con ello, Bernstein expone su propia perspectiva conducente a comprender, contra Popper, que la tesis de la inconmensurabilidad no concluye en un cierre, en los términos en los que propone el mito del marco, sino en una *apertura* tal que posibilita la comprensión y comparabilidad de teorías: "Además, en el proceso de comparación y contraste sutil y múltiple, y mediante él, no sólo logramos comprender el fenómeno ajeno que estamos estudiando sino que llegamos a comprendernos mejor a nosotros mismos" (Bernstein, 2018[1983], p.159). (ver 2.2.1)

2.3.2.2. *Inconmensurabilidad en las disciplinas sociales*: tras examinar el sentido de la inconmensurabilidad localizado en el debate al interior de las disciplinas naturales que propone Kuhn, Bernstein describe entonces el sentido más general de la inconmensurabilidad de formas de vida, culturas y tradiciones, en diálogo con *The Idea of a Social Science and its Relation to Philosophy* de Peter Winch (1958), quien pese a no emplear el término "inconmensurabilidad" para sus formulaciones teóricas, trata el tema amplio acerca de las condiciones metodológicas de posibilidad para investigar sociedades primitivas: "Cuando se compara la bibliografía crítica sobre Winch con la de los críticos de Kuhn (…) pueden encontrarse las mismas interpretaciones reiteradas y los mismos puntos de crítica" (Bernstein, 2018[1983], p.167). De esta suerte, el autor está inscrito en la polémica acerca del objetivismo y del relativismo, en la medida en que uno de sus críticos, Ian Charles Jarvie, afirma de él encontrase subsumido al "mito del marco de referencia". En este caso, no se trata tan sólo de examinar la *incompatibilidad, inconmensurabilidad* o *incomparabilidad* entre teorías, sino entre formas de vida que presentan diferencias sustantivas.

Winch (1958) se cuestiona acerca del tipo de comparación que es susceptible de ser practicada, y en esencia, si la *ciencia occidental* es ella misma una norma de comparación apropiada para realizar interpretaciones de pueblos primitivos; en este sentido "La inquietud central de Winch es cómo clasificamos lo que hacen, qué géneros empleamos para comprender sus actividades" (Bernstein, 2018[1983], p.173). Por esto, Winch interpreta que *las normas de racionalidad inferidas desde la ciencia occidental son inapropiadas para interpretar prácticas culturales que difieren del ámbito de su imperio*, por lo que "La tarea de comprender una cultura ajena puede requerir la elaboración imaginativa de nuevos géneros o la ampliación de géneros familiares para *comparar* lo que puede ser *inconmensurable*" (Bernstein, 2018[1983], p.173). Pues, en las prácticas culturales puede haber géneros insertados que requieran de traducción, circunstancia análoga a la apreciada por Kuhn, cuando tras sucederse una revolución científica, la ruptura comunicacional puede obligar a los miembros de las ahora diferentes comunidades lingüísticas de ciencia a transformarse en traductores (cfr. Kuhn, 2013, p.385).

Una vez que explicita el problema tratado por Winch, referido a los tipos de clasificación empleados para interpretar culturas diferentes en las que los géneros insertos en las prácticas requieren de traducción, Bernstein examina el posible método, y para ello exhibe el hecho por el que la propuesta de Winch, pese a ser insuficiente, es orientativa respecto de la necesidad de emplear el concepto de "experiencia próxima" de Geertz, como aquél que distingue de manera significativa a las disciplinas sociales de las naturales. En este sentido, el investigador debe practicar la comprensión reflexiva –con influencia de las propias categorías-, y en atención de la comprensión irreflexiva del participante, esto, en concordancia con la noción de *epojé* propia de la fenomenología husserliana. Pero "Las observaciones de Geertz sobre la interrelación dialéctica de los conceptos de 'experiencia próxima' y 'experiencia distante' nos advierten que creer poder distinguir con claridad entre una comprensión reflexiva y una irreflexiva conlleva muchas dificultades" (Bernstein, 2018[1983], p.175).

Bernstein indica que los debates en torno a la comprensión de culturas diferentes requiere teorizar de manera más extensa respecto de la comprensión reflexiva y los conceptos de experiencia distante pertinentes para interpretar los fenómenos. En tanto, el propósito de Bernstein consiste en considerar de Winch los conceptos de "aprendizaje de" y "sabiduría práctica": "El primer paso de la sabiduría es darse cuenta de que cuanto *nosotros* consideramos intuitivo, natural, obvio o universal puede no serlo en absoluto y ser apenas una posibilidad social histórica entre varias alternativas. Pero Winch no aclara qué normas críticas han de utilizarse para evaluar nuestra cultura o una cultura ajena" (Bernstein, 2018[1983], p.176). Nuevamente, Bernstein sitúa el debate en torno al problema del objetivismo y del relativismo, al señalar la necesidad de evitar el fundacionalismo en la aplicación de categorías tentativamente universales de racionalidad; por ello, el enfoque alternativo de Winch (1964) propuesto en *Understanding a Primitive Society*, supone el concepto de "nociones limitadoras" como aquellas determinativas de la dimensión ética de la existencia humana, pues:

> Para comparar y entender diferentes sociedades podemos buscar suscitar las maneras características en las cuales dichas sociedades tratan esas 'nociones limitadoras' –como las diferentes actitudes y los diferentes enfoques ante ellas se reflejan en las costumbres las instituciones, las creencias y los hábitos lingüísticos concretos. Eso no significa que estudiemos sólo las formas de pensamiento reflexivo encarnadas en diferentes culturas, sino que también prestamos mucha atención a los detalles y las minucias de as vidas diarias de las personas en busca de pistas sobre cómo tales 'nociones limitadoras' se reflejan y se encarnan concretamente (Bernstein, 2018[1983], p.177).

Bernstein traza, de esta manera, la analogía con respecto al "método antropológico" de Feyerabend, en el que el investigador compara y contrasta estilos inconmensurables, en atención al detalle, similitudes y diferencias vistas en la estructura de la historia de la ciencia y en las *formas de vida*. A su vez, acude a *The Impact of the Concept of Culture on the Concept of Man* de Geertz (1966), en el que el autor critica la tendencia generalizada en antropología y ciencias sociales de apelar a un enfoque *consensum gentium*, esto es, la búsqueda de *universales interculturales abstractos*. Según Bernstein, Geertz logra superar la dicotomía *o bien/o bien* cuando da cuenta acerca de la correlación entre la diversidad de significados y formas de vidas y que "no tenemos que asumir qué haya o que deba haber normas críticas universales que trasciendan todas las culturas locales y sean ahistóricas" (Bernstein, 2018[1983], p.178), problema que, según Bernstein, Winch elude. No obstante, concede que la obra de Winch contribuye a comprender la incomensurabilidad entre diferentes formas de vida y la posibilidad de compararlas entre sí a través de un razonamiento práctico que interprete "conceptos universales limitadores" involucrados en las diferentes prácticas culturales.

Ya sea que se trate de la inconmensurablidad en las disciplinas naturales y sociales, hay según Bernstein una recuperación de la dimensión hermenéutica de la experiencia "implícita en Kuhn y explícita en la versión del método antropológico de Feyerabend y … predominante en Geertz y Winch" (Bernstein, 2018[1983], p.179). Es así que en la tercera y cuarta parte de *Beyond…* Bernstein abordará el fundacionalismo presente como legado cartesiano en la hermenéutica de Gadamer, a fin de relacionar los términos *praxis* y *frónesis*, e incluirlos en la interpretación de tradiciones o comunidades de investigación.

CAPÍTULO III
Contingencia radical, pluralidad de perspectivas y continuidad de teoría y práctica

En *Praxis and Action*, Bernstein (1971) recorre el "giro pragmático" a partir de un análisis exhaustivo del término *praxis* tal como es empleado en el marxismo, existencialismo, pragmatismo y empirismo lógico:

> Some philosophical historians draw attention to philosophy's large-scale or macro-level turns, such as the so-called 'pragmatic' and 'linguistic' turns but tend to ignore the small-scale or micro-level turns within those broader turns. Bernstein is not one of them. Acknowledging one of these micro-turns, he writes that "[t]he turn toward praxis that shaped the Young Hegelians and the early Marx also shaped Dewey's outlook" (Ralston, 2014, p.105).

En definitiva, el acercamiento teórico a la *praxis* justifica pensar en las posibilidades de un "giro pragmático" de la filosofía en el siglo XX, en consonancia con el hecho por el que las distintas corrientes filosóficas emergentes en el período, de distintas maneras, han rechazado el fundacionalismo cartesiano: en el caso del marxismo, a partir de la crítica al carácter contemplativo y ya no transformativo de la consciencia –visto en la *Thesen über Feuerbach* de Marx (1845)– y en lo que respecta al existencialismo, visto en los recurrentes ataques al sesgo subjetivista del marco cartesiano.

En el "Prefacio" a la obra, Bernstein (1971) explicita la redundancia intencional del título, pues, el término griego *praxis* suele ser asociado en castellano a "práctica", y se refiere a "acción" o "hacer". No obstante, en la obra aristotélica se especifica el significado técnico vinculándolo al modo de ser de los ciudadanos libres y para esclarecer el objeto propio de las disciplinas éticas y políticas, a partir del contraste entre *teoría* y *praxis*, propiamente: "At times, Aristotle introduces a more refined distinction between 'poesis' and 'praxis'. The point here is to distinguish activities and disciplines which are primarily a form of making (building a house, writing a play) from doing proper, where the end or telos of the activity is not primarily the production of an artifact, but rather performing the particular activity in a certain way" (Bernstein, 1971, p.XIII). Por lo tanto, en términos restrictivos, *praxis* se refiere a las actividades predominantes en la vida ético-política, mientras que la *teoría* denota a aquellas centradas en el conocimiento.

Bernstein (1971) advierte sobre la distorsión en la traducción de *praxis* como aquello que designa *la mera existencia de personas prácticas*, y que se hallan escindidas de los asuntos teoréticos; este no es el sentido atribuido por los pragmatistas clásicos, quienes apelaban al espíritu aristotélico del término. Por esto, el filósofo indica que "The guiding principle of this study is that the investigation of the nature, status, and significance of praxis and action has become the dominant concern of the most influential philosophic movements that have emerged since Hegel" (Bernstein, 1971, p.XVII).

En este ap., por tanto, se explicitan los aspectos sustantivos de la exposición que realiza Bernstein (1971) en *Praxis and Action* acerca de 3.1. *Praxis crítico-revolucionaria marxista,* y 3.2. *Praxis pragmatista.* Con ello, se apela a obtener las bases a partir de las cuales *yuxtaponer* sus conclusiones con la tercera parte de *Beyond…*, en la que Bernstein relaciona *praxis* y *frónesis*, en el marco de un extenso diálogo con Gadamer, a propósito del posible viraje 3.3 *De la hermenéutica a la praxis*.

1.1. *Teoría y praxis hegeliana*: en el primer capítulo de *Praxis and Action*, Bernstein (1971) cita las once tesis sobre Feuerbach escritas por Marx en 1845 y publicadas, de manera póstuma, como un apéndice de *Engel's Ludwig Feuerbach*. A propósito, entiende que:

> Praxis is the central concept in Marx's outlook-the key to understanding his early philosophic speculations and his detailed analysis of the structure of capitalism. It provides the perspective for grasping Marx's

conception of man as "the ensemble of social relationships" and his emphasis on production; it is the basis for comprehending what Marx meant by "revolutionary practice" (Bernstein, 1971, p.13)

Con ello, explora la raíz del sentido de *praxis* en Marx, a partir de la definición del *Geist* hegeliano: traducido como "espíritu", *Geist* es el concepto central en la obra hegeliana, como lo es *praxis* en la marxista. Así, Hegel integra en el *Geist* el *Noûs* griego, tanto como el carácter creador, omnisciente y omnipotente del Dios judeocristiano. Es en la tradición filosófica, desde Anaxágoras hasta Spinoza, que la Razón posee fuerza y teleología, en tanto las razones particulares participan de dicho *Noûs* universal: "When Reason is understood in this manner, the aim or telos of philosophy as the highest form of theoria is to interpret the worldto grasp its ultimate rational principles and to contemplate the nature of reality" (Bernstein, 1971, p.16).

Desde la perspectiva de Hegel, éste se trata de un momento abstracto de la razón (*Verstand*) que ha de realizarse concretamente en el mundo (*Vernunft*). Se da, por tanto, un despliegue dialéctico del *Geist,* que *por-mor-de* su propia teleología deviene él mismo en causa final, material, eficiente y formal del mundo, agenciando el desarrollo histórico de los seres humanos: ofrece una estructura racional –en su carácter de *Noûs*-, y guía el proceso de historización hacia la realización concreta de la libertad: "There is a narrative or 'story' to be discovered in history-this is the epic of the devious ways in which Geist is realizing itself, moving from freedom and self-determination as an abstract idea to its concrete embodiment in human institutions" (Bernstein, 1971, p.18)

La obra hegeliana es presentada como un intento de explicar el completo despliegue del *Geist,* el cual incluye una intrínseca alienación disruptiva en la que *la lucha, el conflicto y la diferencia se constituyen en medios necesarios para su propia realización*; esta eterna lucha del *Geist* consiente el movimiento dialéctico como esencia dinámica y orgánica de un proceso consumativo en la *Aufhebung*: "Geist finally "returns to itself" when all obstacles and determinations have been overcome, when everything that has appeared 'other' than itself is fully appropriated and thereby subjectivized. This is the final aim or goal of Geist. The negativity and activity of Geist come into focus in this dialectical characterization" (Bernstein, 1971, p.21). La auto-realización del *Geist* supone su propia auto-determinación negativa, que da sentido a su carácter auto-activo y lo orienta a ser él mismo su propia actividad y producto, con lo que es precisamente esta caracterización de la naturaleza del *Geist* a la que adscribirá Marx para comprender la *praxis*.

Hegel supera también la dicotomía materialismo/idealismo – con asiento en el fundacionalismo subjetivista cartesiano–, en la medida en que el *Geist,* como realidad espiritual, se realiza a partir de la manifestación dialéctica de sí mismo como materia, esto es, en el orden de las instituciones políticas humanas: "Geist literally informs the matter of the world. What Hegel seeks to achieve is an Aufhebung of the dichotomy of ideality and materiality. If we are to discover the working of Geist, we must understand its concrete working in the 'material' of the world" (Bernstein, 1971, p.30). Bernstein interpreta, en este sentido, que la filosofía hegeliana debiera ser interpretada como una forma de materialismo, según el modo en que el *Geist* se realiza auto-alienándose en las manifestaciones concretas del mundo. Además, comprende que el *Geist* hegeliano se halla en concordancia con el *Noûs* aristotélico y la integración operada por Platón en *Phaedrus*, entre *eros* y *lógos*. Por esto, intenta sobrepasar la dicotomía entre razón y pasión, a fin de integrar la dimensión teorética y la práctica, pues, si el *Geist* se realiza activamente en el mundo concreto:

> The actual is not a static reality, but the process of activity itself manifested in a variety of forms. Geist as activity itself is *praxis*. *Theoria*, in its purest form, as philosophy, is nothing but the articulation of the rationality ingredient in *praxis*. There is then an ultimate harmony of theory and practice-theoria and *praxis*-not in the sense that philosophy guides action, but rather in the sense *that* philosophy is the comprehension of what is; it is the comprehension of the *logos*

ingredient in praxis, i.e., *praxis* as the self-activity of Geist (Bernstein, 1971, p.34)

El Geist se manifiesta él mismo en la praxis, esto es, como actividad auto-alienante que externaliza su propia forma auto-reflexiva, es decir, la teoría: en el *Geist* se atisba a observar la unidad dialéctica de *teoría* y *praxis*, donde la primera es concretización de la segunda: "Marx accepts this unity of *theoria* and *praxis* and dialectically transforms it-in Marx, Hegel's unity of *theoria* and *praxis* is *aufgehoben*" (Bernstein, 1971, p.34).

3.2. *Praxis pragmatista*: en el segundo capítulo de *Praxis and Action*, Bernstein (1971) interpreta que las propuestas teóricas de Kierkeegard y Sartre deben ser consideradas como una perspectiva de la "consciencia desventurada" de Hegel, y enfatiza que ambos autores ponen de manifiesto la *situacionalidad* de la existencia humana, la que debe decidir en términos dilemáticos los cursos posibles de acción a seguir a fin de solucionar los problemas circundantes a la alienación. En el tercer capítulo, titulado "Acción, conducta e investigación", toma en consideración los aportes del pragmatismo clásico de Peirce y Dewey.

a) Si bien advierte que Peirce reconoce afinidades entre su pramatismo y Hegel "it cannot be said that Peirce was ever a serious student of Hegel" (Bernstein, 1971, p.165), mientras que James se mostraba completamente aversivo hacia la filosofía alemana, y en particular, contre el idealismo absoluto hegeliano: "A Pluralistic Universe, which is based on lectures that James delivered in England, is tinged with an evangelical fervor in which James sought to 'save' British philosophers from the aberration of absolute idealism and to call them back to their healthy empiricist roots. There are several ironies in the caricature of Hegel that James created for us" (Bernstein, 1971, p.166).

b) En lo que respecta a Dewey, es la concretez en la experienciar de la conciencia la que lo lleva a acercarse a Hegel para nutrir su posición sobre la dinámica y organicidad de la vida.

En este ap., sólo se considerará el enfoque de Peirce, a fin de *yuxtaponer* el diálogo con Gadamer.

3.2.1. *El pragmatismo en Peirce:* en el tercer capítulo de *Praxis and Action*, Bernstein (1971) exhibe la crítica de Peirce al fundacionalismo cartesiano y explicita el paradigma alternativo que propone pensar a la investigación científica como en un proceso auto-correctivo sin punto de partida ni final, en el que cualquier argumento se encuentra sometido a crítica, en tanto "The fallibility of all knowledge is not a sign of its deficiency but rather an essential characteristic of knowledge, for every knowledge claim is part of a system of signs that is open to further interpretation and has consequences that are to be publicly tested and confirmed" (Bernstein, 1971, p.176).

Así también, se entiende que la actividad científica y sus productos, en rigor, las teorías, tienen un carácter social, de modo que es la comunidad de investigadores la que ocupa un papel central en la crítica de teorías; en dicha comunidad, el investigador no asume el mero papel de espectador, sino que deviene en un agente activo. A la vez, Peirce sistematiza su pensamiento a partir de la formulación de tres categorías que designan elementos manifiestos en todos los fenómenos: "Peirce, por supuesto, reconoce la afinidad entre este esquema categorial triple con la inclinación de Hegel por las tríadas. Pero defiende que Hegel consideró estas categorías como meros estadios de pensamiento. Falló en apreciar que las categorías designan elementos que tienen una independencia que no es reducible al pensamiento" (Bernstein, 2013, p.102):

3.2.1.1. *Primariedad (Firstness):* caracteriza a aquella impresión inanalizada producida por la multiplicidad y captada como cualidad monádica e inmediata, o positividad de la apariencia: "Immediate quality or Firstness is mere unattached possibility. We never really encounter qualities as mere possibilities but only qualities embodied in some concrete form. The aspect of quality is abstracted or prescinded from the complex total experience; it is not something distinct and separable from the rest of experience" (Bernstein, 1971, p.180).

3.2.1.1. *Secundariedad (Secondness)*: es vista en la naturaleza diádica de la acción que adquiere su sentido en la lucha entre dos elementos sin mediación: se trata de la experiencia empírica traicionada por el viraje subjetivista del empirismo tradicional, el cual "tended to confuse the noncognitive nonreducible compulsiveness of experience with the notion that what experience forces upon us has absolute authority" (Bernstein, 1971, p.181). Peirce recupera la irreductibilidad compulsiva de la experiencia manifiesta en la *secundariedad* que se resiste a una *aufgehoben*, tal como sucede en el caso de la noción de "existencia" en Kierkeegard y Sartre. En *The Pragmatic Turn*, Bernstein (2013) agrega:

> El reconocimiento de este estado bruto —el modo en que la experiencia «¡dice NO!» —se requiere para entender el carácter auto-correctivo de la investigación y la experimentación. Los experimentos deben siempre ser comprobados finalmente por la experiencia. Peirce se habría alejado, y se habría horrorizado, de la afirmación de Rorty acerca de que los únicos límites sobre nosotros son los «límites conversacionales». Hablar de esta manera es ignorar la facticidad, la sorpresa, la conmoción y la limitación bruta de nuestros encuentros experienciales (Bernstein, 2013, p.147)

3.2.1.1. *Terciaridad*: incluye hábitos, leyes, reglas, intenciones, signos y significados, y en efecto, la conducta, subsumidos a la acción de "dar", como mejor ejemplo de la relación triádica que se propone. En definitiva, si la *primariedad* ofrece la cualidad y la *secundariedad* la experiencia sin mediación, la *terciaridad* hace referencia al aspecto inteligible en cuanto categoría signada por la ley. En *The Pragmatic Turn*, señala que:

Podemos hablar de conocimiento o de nuestra advertencia epistémica sólo cuando introducimos la categoría de Terceridad. Por supuesto, sabemos que tenemos una advertencia de la Primeridad, pero este «conocer que» no ha de ser identificado o confundido con nuestra advertencia de las cualidades. Para Peirce no hay conocimiento directo inmediato intuitivo de nada (Bernstein, 2013, p.144).

A partir de estas categorías, Peirce deduce la distinción entre "acción" y "conducta", pues, mientras que la primera se aproxima a la *secundariedad*, carácterizándose como singular y antigeneral, la *conducta* se muestra, en cambio, como esencialmente general, relacionándose con la noción de "hábito", es decir, con la disponibilidad para actuar que, en tanto está inscripta en la deliberación, deviene entonces en una *creencia*: "La creencia es lo que Peirce llama un hábito. Es una regla o disposición a actuar que guía las decisiones que tomamos de acuerdo con las consecuencias de acción que esperamos" (McNabb, 2018, p.124). Esta tesis vincula la *conducta* con la ley, comprendida a partir de las características generales de la *terciaridad*: la conducta "is a way of calling attention to the fact that everything in the universe is governed by or exhibits laws, and that this lawfulness is to be understood in terms of the conditional generality characteristic of Thirdness" (Bernstein, 2013, p.185)

Por esto, la que fuera llamada "máxima pragmática" toma en consideración esta noción de conducta concebida como hábito que presenta disponibilidad para actuar de cierto modo bajo determinadas condiciones: "consider what effects, that might conceivably have practical bearings, we conceive the object of our conception to have. Then, our conception of these effects is the whole of our conception of the object" (Peirce, 1878, p.293). En efecto, Peirce afirma que el contenido intelectual de una proposición se identifica con los hábitos y conductas. Así, el significado de dicha proposición consiste en el modo en que ésta se hace aplicable en la conducta humana *y ya no en la acción singular*. En otras palabras, *el significado reside en la concepción acerca de las consecuencias del actuar de acuerdo con una creencia ya establecida.*

En esta deducción categorial debe precisarse que los perceptos que operan de manera coactiva no deban ser asumidos *intuitivamente* como indubitables, pues, en mayor o menor medida éstos pueden no ajustarse a la experiencia general. De aquí, Peirce propone ejercer un control racional que delibere en términos críticos sobre los hábitos mentales que determinan y guían la validez de las inferencias que se realizan: "These guiding principles are involved in warranting the transition from premises to conclusions regardless of whether the type of reasoning is deductive, inductive, or 'abductive', the term Peirce uses for the form of reasoning that leads to new ideas and scientific discovery (Bernstein, 1971, p.189).

La racionalidad descrita por Peirce como *auto-control de la conducta* vincula a la teoría y a la práctica con la acción, hecho del que se infiere que:

a) El ser humano deviene en un agente crítico y activo que no es ya tan sólo un espectador cognoscitivo subjetivista.

b) La realidad (lo real) se corresponde con los argumentos compartidos por una comunidad de investigadores en proceso de deliberación crítica, y no ya a los perceptos inmediatos.

El auto-control como deliberación racional sobre los hábitos de conducta exige de una auto-crítica permanente inscrita en una activa comunidad de investigadores, pues "the community of inquirers, which is ultimately the basis for distinguishing the real from the unreal, and the true from the false, functions as a regulative ideal in Peirce's philosophic scheme" (Bernstein, 1971, p.191). Ya que la naturaleza del razonamiento es social y auto-crítica, la investigación científica acontece a partir del conflicto entre hipótesis y teorías alternativas, de un modo análogo a como lo explicita el racionalismo crítico popperiano; ello, debido a que, con Peirce, la *autoridad epistémica* (terceridad) "está siempre —en principio— abierta al desafío, la modificación, la revisión e incluso el abandono"

(Bernstein, 2013, p.148): la limitación bruta hace que el "Conflicto Externo" referenciado en la secundariedad no se constituya en autoridad como fundamento epistémico para validar teorías:

> Si reflexionamos de nuevo en los ejemplos de Peirce de Segundidad, decimos que experimentamos la conmoción, la sorpresa, la resistencia, la limitación. Pero tan pronto preguntamos cuál precisamente es el carácter de esta experiencia y buscamos describir lo que nos limita, estamos tratando con un asunto epistémico (Terceridad). Puede haber múltiples descripciones que son, por supuesto, falibles (Bernstein, 2013, p.149)

Por lo tanto, la empresa auto-correctiva de la comunidad de investigadores supone la interrelación de la *praxis* en cuanto hábito de acción auto-controlado con un proceso crítico de deliberación intersubjetivo que revisa, precisamente, los hábitos mentales que se estructuran como principios orientadores de la conducta.

En el "Epílogo" de *Praxis and Action*, Bernstein señala el interés del pragmatismo por encontrar, al igual que sucede con Hegel y con Marx, una *praxis* y acción *informadas por la razón*; frente a la distinción operada por Aristóteles entre *teoría* y *praxis:*

> We can say that Marxism, existentialism, and pragmatism have, in radically different ways, attempted to extend this paradigm to the entire range of man's cognitive and practical life. It is not only Marx who thinks that the point of understanding is no longer just to "interpret" but to "change"; this basic orientation is shared by both existentialists and pragmatists (Bernstein, 1971, p.316).

3.3 *De la hermenéutica a la praxis*: en la tercera parte de *Beyond...* Bernstein (1983) afirma intentar una fusión entre hermenéutica y *praxis*, lo cual implica dejar atrás la hermenéutica misma. Para ello, realiza un examen extenso de la obra *Wahrheit und Methode* de Gadamer (1962), en la que entiende que se realiza una crítica radical y devastadora al fundacionalismo cartesiano: "Una de las críticas más notables de Gadamer a la hermenéutica alemana del siglo XIX es que, si bien su intención era demostrar la legitimidad de las ciencias sociales humanas como disciplinas autónomas, aceptaba de manera implícita la dicotomía misma de lo subjetivo y objetivo" (Bernstein, 2018[1983], p.202).

De esta suerte, la hermenéutica construyó un nuevo concepto de experiencia interna vinculado con la posibilidad de comprender –en términos psicologistas–, la *intencionalidad subjetiva de los agentes históricos*, concebido esto por Gadamer como parte del "legado cartesiano". El papel que juegan los prejuicios (o juicios anticipados) en la comprensión se traduce como significativo en orden a reflexionar en que toda comprensión y conocimiento involucra prejuicios y preconcepciones: "La tarea no consiste en eliminar todas estas preconcepciones, sino en someterlas a un examen crítico durante la investigación" (Bernstein, 2018[1983], p.205). En este punto, Bernstein recupera la primera crítica de Peirce (1868b) contra el cartesianismo, en "Some Consequences of Four Incapacities"; en rigor, se hace explícita la relación con respecto al modo en que Peirce propone una forma de racionalidad crítico-comunitaria –o auto-control– en torno a los hábitos de acción deliberados o creencias que orientan la acción.

De esta manera, Bernstein (2018 [1983]) delimita la diferencia entre *prejuicios habilitadores* y *cegadores*, pues "En oposición a la noción monológica de Descartes de la autorreflexión puramente racional mediante la cual podemos alcanzar un conocimiento transparente de nosotros mismos, Gadamer nos dice que es sólo mediante el encuentro dialógico con lo que al mismo tiempo es ajeno a nosotros (…) que podemos abrirnos a arriesgar y evaluar nuestros prejuicios" (Bernstein, 2018[1983], p.205). Pues, los prejuicios se enlazan con el intento gadameriano de restaurar la noción de *autoridad* legitimada por su conocimiento, así como al de *tradición*, ambos, habilitadores de prejuicios, en el contexto de un análisis acerca de lo característico de la comprensión hermenéutica:

    a) En primer lugar, Bernstein (2018) recuerda que, tanto en Kuhn, Feyerabend, Geertz y Winch, hay una recurrente intención por redescubrir o recuperar la dimensión hermenéutica de la experiencia, a fin de interpretar la estructura de la historia de la ciencia. Es en este sentido que Gadamer sitúa la comprensión como *proceso de llegar a ser del sentido*, en el contexto del círculo hermenéutico y, con Heidegger "La referencia al carácter *ontológico* del círculo indica algo básico sobre nuestro propio ser-en-el-mundo; que en esencia somos seres constituidos por una comprensión interpretativa e involucrada a ella" (Bernstein, 2018[1983], p.216).

b) De este modo, la comprensión se da mediante un círculo que ofrece estructuras que determinan la comprensión misma: la apertura a los fenómenos que el intérprete busca comprender se realiza a partir de dichas estructuras que precontienen – en términos de *tradición*–, los *prejuicios* determinativos de la experiencia y constitutivos ontológicos: "Los juicios previos y los prejuicios tienen un carácter temporal triple: se nos heredan mediante la tradición; son constitutivos de cuanto somos ahora (y estamos en proceso de devenirnos); y son anticipatorios –siempre pre abiertos a pruebas y transformaciones futuras–" (Bernstein, 2018[1983], p.216).

c) De esta suerte, Bernstein entiende que Gadamer vincula *teoría* y *praxis*, pues *en la comprensión hermenéutica está integrada la aplicación*: "Es allí donde descubrimos la fusión de la hermenéutica con la *praxis*" (Bernstein, 2018[1983], p.216), vista en una consciencia histórico-efectiva que comprende desde la apertura y límites de su propio horizonte: "¿Qué estamos haciendo (o, más bien, qué está sucediéndonos) cuando intentamos comprender un horizonte diferente al propio? (…) Lo que buscamos conseguir es una 'fusión de horizontes', una fusión en virtud de la cual se amplía y enriquece nuestro propio horizonte" (Bernstein, 2018[1983], p.224).

La hermenéutica se muestra ontológico-universal ya que denota el modo en que el ser-en-el-mundo comprende como un modo primordial constitutivo de su propio ser, en tanto existenciario que subyace a todas las actividades que realiza; la interrelación y continuidad entre comprensión, interpretación y aplicación (o apropiación) es señalada como sustantiva en el modo en el que se forma el sentido, sin excluir el hecho por el que toda comprensión es operativa junto con los prejuicios constitutivos, determinativos y estructurales de la tradición en la que se actúa. Así:

> La *frónesis* es una forma de razonamiento y conocimiento que involucra una mediación distintiva entre lo universal y lo particular. Dicha mediación no se logra por apelación alguna a reglas técnicas o a un Método (en el sentido cartesiano) o la subsunción de un univerdal determinado dado previamente a un caso particular. La "virtud intelectual" de la *frónesis* es una forma de razonamiento que produce un tipo de saber ético en el cual lo universal y lo particular se determinan entre sí (Bernstein, 2018[1983], p.224).

En Gadamer, por tanto, la *comprensión* es una forma de *frónesis* constitutiva de la *praxis*. Ello es análogo al modo en que Peirce reflexiona en torno a la terceriedad como orden propio en el que los hábitos de acción o creencias se hallan auto-controlados por una racionalidad crítico-comunitaria. Pero, en este punto, Bernstein *yuxtapone* que la *frónesis* "se encarga de lo variable y siempre involucra una mediación entre lo universal y lo particular que requiere deliberación y elección" (Bernstein, 2018[1983], p.228), a diferencia de la *tecné*, en la que los medios no están ya predeterminados en orden a alcanzar los fines: "La *frónesis*, a diferencia de la *tecné*, requiere una comprensión de otros seres humanos" (Bernstein, 2018[1983], p.229).

Esta mediación entre lo universal y lo particular supone de la *frónesis* un modo de *aplicación* de las normas, leyes, valores, etc., que requiere de interpretación; luego, *la comprensión, interpretación y aplicación se verifican en la apropiación que se realiza del fenómeno estudiado, a fin de significarlo sin una desvinculación de la propia situación histórico-efectiva*, pues, la "fusión de horizontes brinda una perspectiva crítica de nuestra propio situación" (Bernstein, 2018[1983], p.231). Tal aplicación es correlativa con la apropiación que significa la "máxima pragmática" y que da sentido a la identificación entre el contenido intelectual de una proposición y los hábitos de acción.

La *frónesis* se circunscribe a una situación crítica en la que los *nomoi* compartidos por la comunidad se encuentran abiertos a interpretación, en la medida en que son susceptibles de una aplicación *en el marco de un proceso de aplicación* que requiere de mediación *fronética* entre su provisoria "universalidad" y un caso concreto particular: "El problema para nosotros, hoy en día (…) es que estamos en un estado de gran confusión e incertidumbre (algunos incluso podrían decir de caos) sobre qué normas o 'universales' deberían gobernar nuestras vidas prácticas" (Bernstein, 2018[1983], p.242). *Esta situación es análoga a la padecida por las comunidades científicas kuhnianas en estado de crisis* e ilustra, no obstante, el carácter falible de los universales, susceptibles de ser sometidos a revisión comunitaria desde la perspectiva del racionalismo crítico y auto-correctivo de Peirce. Por ello: "Para obtener una perspectiva fructífera de la racionalidad de la ciencia misma, es necesario ver que las razones y los argumentos que emplea la comunidad de científicos se fundan en prácticas sociales y que hay una apertura esencial en los criterios y normas mismos que guían la actividad científica" (Bernstein, 2018[1983], p.259).

Con Peirce y Gadamer, Bernstein elucida el carácter auto-correctivo que practica la comunidad científica en un proceso de deliberación fronético o de comprensión hermenéutica a partir de la cual, incluso las normas que guían –como principios orientadores– las conductas, están sujetas a revisión; la comprensión, interpretación y apropiación, como triple articulación de la *frónesis* co-implicada en la *praxis*, hace ver el carácter plural en el que se desarrolla la actividad científica, de acuerdo al hecho por el "El percipuum no es un dato sensible discreto. No es un episodio auto-autentificador, que sirve de fundamento epistemológico del conocimiento empírico. No es Lo Dado. Es un juicio impuesto sobre nosotros. Cuando un percipuum aparece, ya estamos en el nivel de la Terceridad; consecuentemente, como un juicio, es eminentemente falible; puede resultar ser falso" (Bernstein, 2013, p.56).

Así es que el falibilismo opera en el terreno de la *terceridad*, y supone la comprensión hermenéutica que media entre lo universal y lo concreto, en un marco en el que está implícita la inconmensurabilidad, cuando se trata describir el estado conflictivo en el que acontece la actividad científica. Bernstein propone "un modelo dialógico de la racionalidad que resalta el carácter práctico, *comunitario* de esa racionalidad donde hay elección, deliberación, interpretación, sopesar sensato y aplicación de 'criterios universales' e incluso desacuerdo racional sobre qué criterios son relevantes y más importantes" (Bernstein, 2018[1983], p.260).

La investigación científica está anclada a una tradición expresada en prácticas sociales diferentes, y, por ello, posee ella misma prejuicios, presentimientos, intuiciones y suposiciones que se entrelazan en las formas de argumentación: "Las decisiones y elecciones comunitarias no son arbitrarias o meramente subjetivas" (Bernstein, 2018[1983], p.260) y suponen la posibilidad de comparar y evaluar teorías pertenecientes a paradigmas diferentes, diatópica-cronológicamente, exigiendo para ello de una comprensión hermenéutico-fronética aplicada a una *praxis* situada en un horizonte abierto y finito de conmensuración.

Capítulo IV
Pluralismo falibilista comprometido

En este ap., se exhibe el "giro pragmático" que Bernstein (1991, 2013) propone, a partir del 4.1. *Pluralismo falibilista comprometido* y la idea de 4.2. *Objetividad plural*.

4.1. *Pluralismo falibilista comprometido:* en *The New Constellation*, Bernstein (1991) describe la existencia de tres formas de pluralismo:
   a) *Pluralismo flexible (flabby)* y simplista, que sólo intercambia préstamos lingüísticos.
   b) *Pluralismo polémico*, en el que intercede la voluntad de imposición ideológica sobre lo diferente.
   c) *Pluralismo defensivo*, por el que se aceptan las diferencias sin establecer relaciones de intercambio.

Bernstein (1991) propone una cuarta alternativa, en rigor, un *pluralismo falibilista comprometido*, en el que la otredad, novedad y contingencia pueden resistirse a la reconciliación y, de acuerdo con ello, las diferencias se *yuxtaponen* en un "campo de fuerzas" (metáfora que toma de Theodor Adorno) irreductible a un principio indubitable: "Only this last variation of pluralism, the one Bernstein designates as "engaged" and "fallibilistic," avoids the pitfalls of other less rigorous and less demanding forms of pseudo-pluralism" (Craig et al., 2017, p.XXV).

En el "Epílogo" de *Richard Bernstein and the Expansion of American Philosophy Thinking* (Craig et al., 2017), Bernstein describe las tres claves que describen este *pluralismo falibilista comprometido*: 1.1.1. El carácter "comprometido" es aquel que exige la búsqueda permanente por comprender la diferencia (en todas sus formas), a partir de una comprensión (y escucha) crítica que involucra la *frónesis*. Por esto, diferencia entre el *compromiso agonista*, tendiente a confrontar con el adversario, y un *compromiso dialógico*, por el que se da una apertura que supone la posibilidad de un *aprendizaje de...* y *con el otro*:

> And both styles have extremes that should be avoided. The agonistic style can degenerate into the presumptuous conviction that if something doesn't meet what "we" (or I) consider the most rigorous criteria for argumentation, it is to be rejected out of hand. The dialogical style can degenerate into such a thorough sympathetic embrace that one never takes any critical distance from what one is trying to understand" (Bernstein, 2017, p.218)

1.1.2. El pluralismo es "falibilista", con sustento argumental en Peirce y en sus ataques al fundacionalismo epistemológico; en este punto, Bernstein (2005) pasa revista respecto de la naturaleza auto-correctiva de la comunidad de investigadores que revisa, en términos críticos, los principios regulativos de la *praxis*. De esta suerte, con Hilary Putnam, propone que el pragmatismo es falibilista y antiescéptico:

> A fallibilistic orientation requires a genuine willingness to test one's ideas in public, and to listen carefully to those who criticize them. It requires imagination to formulate new hypotheses and conjectures and to subject them to rigorous public testing and critique by the community of inquirers. Fallibilism requires a high tolerance for uncertainty, and the courage to revise, modify, and abandon our most cherished beliefs when they have been refuted. Robust fallibilism requires what Karl Popper (who was influenced by Peirce) called the "open society." Consequently fallibilism involves more than a minimal tolerance of those who differ from us and challenge our ideas. We must confront and seek to answer their criticisms and objections—and this requires mutual respect (Bernstein, 2005, pp.29-30)

Además, asume y actualiza las críticas de Peirce en contra del fundacionalismo cartesiano, a fin de dar cuenta sobre las posibilidades de realizar un "giro pragmático" en comunidades de ciencia auto-correctivas, en tanto éstas revisan las normas falibles, y por ello, abiertas a deliberación fronética: "The shift of orientation from the foundation paradigm to that of inquiry as a continuous self-corrective process requires us to rethink almost every fundamental issue in philosophy" (Bernstein, 1971, p.177).

La relación entre el *ēthos* que configura la *praxis*, en la relación que supone la deliberación o *frónesis* crítico-comunitaria sobre los *nomoi* que orientan los hábitos de acción, hace ver entonces que el *ēthos* pragmatista es antifundacionalista, pues se compromete así con el falibilismo crítico –estructurado a partir de la "metáfora del cable" formulada por Peirce–. Más "anti-foundationalism, fallibilism, and the nurturing of critical communities leads to the fourth theme running through the pragmatic tradition – the awareness and sensitivity to radical contingency and chance that mark the universe, our inquiries, our lives" (Bernstein, 1991, p.342). La contingencia como nota atributiva que caracteriza a la propuesta pragmatista es incompleta sin advertir que, por la falibilidad y contingencia, es preciso suponer también la presencia de *un pluralismo radical como ēthos que oriente la práctica filosófica.*

1.1.3. El marco conversacional de Bernstein es así pluralista y comprende la obra *A Pluralistic Universe* de William James (1907) como primer antecedente en el uso del término, el que se oponía a la "visión de Dios" esto es, al argumento ilegítimo asumido por la filosofía según el cual es posible una descripción ontológica por "fuera del mundo": "We always speak from a finite and particular point of view. But this does not mean that we are trapped in our conceptual schemes. We can seek to enlarge our horizon—or to use Gadamer's expression—seek to achieve a fusion of horizons" (Bernstein, 2017, p.221). Por ello, advierte posible pensar en la comprensión y apertura a puntos de vista diferentes, en el marco de posibles fases de *inconmensurabilidad* que desafían la posición crítica asumida por los participantes de una comunidad. En este sentido, Bernstein incopora también el pluralismo ético-político de Dewey, en lo que respecta a la dimensión sociopolítica de una democracia plural en qué las distintas formas de vida revisan y reconsideran opiniones o intereses comunes.

Bernstein (1991) apela a la metáfora de la "constelación", tomada de Theodor Adorno y Walter Benjamin, para desplazar la *Aufhebung* hegeliana: "Such a community is a critical community, and by proposing the deep link between the fallible and the communitarian, Peirce is suggesting that critique and plurivocalitly belong together" (Casey, 2017, p.XLIX). El antifundacionalismo antiescéptico desde el que se vira hacia la conformación de comunidades críticas de investigación plurales supone un "campo de fuerzas" –atravesado por la *inconmensurabilidad*– en el que los puntos de atracción y repulsión se resisten a la reconciliación como petición de acuerdo final.

Bernstein inscribe, así, la lógica *ambos/y* frente al *o bien/o bien* (y la *Aufhebung*) fundacionalista, lo que permite por ello ya no integrar, sino *yuxtaponer* los términos en disputa: si, con Peirce, la comunidad de investigadores delibera en forma crítica, entonces: "Reconciliation/Rupture is the space in-between the new constellation – the space that is the *topos* in which critique thrives" (Bernstein, 1991, p.332). Por esto, la crítica comunitaria como auto-control racional que revisa las creencias regulativas de la *praxis* acontece en los *intersticios* o *topos* de una constelación de perspectivas (eventualmente) inconmensurables entre sí (aunque comparables), y *yuxtapuestas* en una trama argumental compleja con la que es viable superar la lógica inferencial-lineal cartesiana: "What is "new" about this constellation is the growing awareness of the depth of radical instabilities. We have to learn to think and act in the "in-between" interstices of forced reconciliations and radical dispersion" (Bernstein, 1991, p.16). Por ello, el pluralismo co-implica y demanda una comunidad crítica que revise, en los intersticios de la inconmensurablidad, los *nomoi* orientadores de las prácticas que se realizan, esto es, una *praxis fronética* que yuxtaponga perspectivas argumentales diferentes con *ēthos* falibilista y pluralista

4.2. *Objetividad plural:* en el capítulo quinto de *The Pragmatic Turn*, Bernstein (2013) relaciona los problemas suscitados en torno a la relación entre objetividad, verdad y pluralismo. Al respecto, introduce la problemática al señalar la teoría correspondentista-representacionalista de la verdad –supuesta la crítica peirciana a la "mente-contenedor"–, como marco a partir del cual se ha establecido la identidad entre objetividad-verdad-hecho: "Pragmatist accounts link objectivity to fallible experiential constraints within social practices of justification while avoiding bad relativism and conventionalism" (Green, 2014, p.26). En este sentido, el filósofo pasa revista acerca de los debates postempiristas que han cuestionado la noción correspondentista-representacionalista, para indicar que esta perspectiva es insuficiente en instancias controversiales en las que se exigen razones para soportar pretensiones acerca de lo que es objetivamente verdadero, y "el mismo significado y criterios para determinar lo que corresponde y no corresponde a la realidad objetiva no están para nada claros" (Bernstein, 2013, p.118).

a) Con Peirce, este es el momento en el que actúa la comunidad crítica de ciencia para comprender los *nomoi* que estructuran las prácticas, en el marco de un paradigma o tradición de investigación. Así, el núcleo verdad-objetividad no depende ya de la "correspondencia", sino de la *praxis* justificatoria e intersubjetiva de teorías, lo que podría objetarse en los términos en que habilitaría distintas formas de relativismo:

> Sin embargo, la mayoría de los pragmatistas —incluyendo a los clásicos pragmatistas Peirce, James, Dewey y Mead, así como a contemporáneos tales como Hilary Putnam, Cheryl J. Misak, Jeffrey Stout, Bjorn Ramberg, Robert Brandom y el «pragmatista kantiano» Jürgen Habermas— piensan que es posible dar una explicación pragmática de la objetividad que a) relaciona la objetividad con nuestras prácticas sociales de justificación; b) no identifica la justificación con la verdad, y c) esquiva las aporías contraproducentes de mal relativismo y convencionalismo (Bernstein, 2013, p.121)

b) Es posible, entonces, lograr un conocimiento falible de la realidad, en tanto "el mismo origen de la concepción de realidad muestra que esta concepción implica esencialmente la noción de COMUNIDAD, sin límites definidos, y capaz de un incremento del conocimiento" (Peirce, 1992, p. 52). No obstante, según Bernstein (2013), Peirce estaría suponiendo la posibilidad de que la *praxis* justificatoria deba conducir a un consenso final o convergencia de creencias como ideal regulativo de la investigación; respecto a ello, Cheryl Misak revisa la formulación peirciana y propone desestimar la exigencia respecto de aquello que se glorifica en el presente como "el fin hipotético de la investigación, las condiciones ideales cognitivas, o la evidencia perfecta" (Misak, 2007, pp. 49-50).

Según Bernstein (2013) este razonamiento conduciría a pensar que, si la verdad está relacionada de manera intrínseca con la justificación, entonces las condiciones establecidas en el presente debieran garantizar que los argumentos prospectivos se encontrarán garantizados de manera consecuente, en tanto se adecuen a dichas condiciones verdaderas preestablecidas:

> La verdad tendría, entonces, que ser mantenida como un concepto «epistémico» —internamente conectado con el concepto de justificación —y sin embargo la simple ecuación de los predicados «es verdad» y «está justificada» sería evitada. Las condiciones en cuestión tendrían que ser condiciones ideales, y la idea básica es que una aserción o convicción justificada bajo tales condiciones ideales sería necesariamente verdadera (Wellmer, 2004, p. 97).

Bernstein (2013) sospecha respecto de la capacidad de especificar *en el presente* las condiciones verdaderas que regularán la *praxis* justificatoria, pues, estos devendrían en marcos ahistóricos determinativos de las buenas o malas razones para sostener argumentos; ciertamente, dichas condiciones epistémicas ideales son falibles y abren paso a pensar, entonces, en la posibilidad de un pragmatismo sin ideales regulativos. Para ello, Bernstein describe la estrategia de Weller, quien "argumenta que podemos explicar un concepto normativo de verdad con significado, sin una apelación a ideas regulativas" (Bernstein, 2013, p.127). Si, con Peirce, la corrección de prejuicios o creencias se da a partir de la crítica intersubjetiva en un "espacio lógico de razones" de carácter público:

> Wellmer defiende que la conexión interna entre verdad y justificación puede ser explicada con las siguientes dos tesis: «a) Las verdaderas condiciones de los enunciados sólo se nos presentan como condiciones de justificabilidad o asertividad, respectivamente. b) Las aserciones (y en general, las convicciones) están, de acuerdo con su significado — como pretensiones de validez— internamente relacionadas en un sentido normativo» (Bernstein, 2013, p.128).

Un hablante, en primera persona, justifica como verdadera una aserción –de acuerdo con creencias sostenidas en razones (lo que da cuenta de la conexión entre verdad y justificación–, más puede suponer que no reconoce –pese a comprender–, que las aserciones de otro hablante sean también verdaderas; en este punto "Wellmer plantea la conclusión de que el espacio trans-subjetivo de la verdad puede estar constituido solamente al modo de la diferencia de perspectivas. El consenso y el disenso son equiprimordiales" (Bernstein, 2013, p.129). De aquí se infiere que la verdad es controversial y, frente a este "espacio de razones" en el que Weller propone la articulación argumental de primeras personas, Bernstein recupera la obra de Brandom (1994), para señalar la distinción yo-nosotros y yo-ustedes:

> Brandom entiende una comprensión de la intersubjetividad que se enfoca en el contraste entre un individuo y una comunidad. Desde esta perspectiva, la comunidad está privilegiada. La rectitud objetiva es identificada con la voz «privilegiada» de la comunidad. Brandom rechaza categóricamente esta comprensión de intersubjetividad. Es esta la noción que está detrás de todas las formas de convencionalismo y de

aquellas teorías del consenso que consideran a la «comunidad» como el árbitro final de lo que es verdadero y objetivo (Bernstein, 2013, p.133)

En cambio, la perspectiva yo-ustedes, centrada en la interpretación de las obligaciones intersubjetivas entre primeras personas, excluye la perspectiva privilegiada o metaperspectiva:

La objetividad consiste «en una clase de forma perspectiva, más que en un contenido no-perspectivo o trans-perspectivo. Lo que se comparte en todas las prácticas discursivas es que existe una diferencia entre lo que es objetivamente correcto en el modo de aplicación del concepto y lo que es meramente considerado como tal, no lo que es —la estructura, no el contenido» (Bernstein, 2013, p.133)

Tras *yuxtaponer* a Weller y Brandom, Bernstein (2013) interpreta que el intercambio de razones para sostener argumentos se da sin una perspectiva privilegiada o, con James, sin una "visión de Dios": la *praxis* fronética acontece sin petición de consenso final ni ideales regulativos y puede asemejarse a una "lucha de poder" en la que hay "pretensiones de verdad" en pugna. Por ello, sostiene que:

a) La objetividad "súper-dura" fundada en la teoría correspondentista-representacionalista es "una ilusión diáfana" (Bernstein, 2013, p.136).

b) La *praxis* justificatoria se desarrolla en un marco conversacional en el que las primeras personas proponen argumentos que, si bien están justificados en creencias, están sometidos a la revisión crítica comunitaria.

c) Con James, Bernstein acuerda en que es indeseable pensar en la imposibilidad de un conflicto pluralista de las intuiciones y los temperamentos.

En el capítulo séptimo de *The Pragmatic Turn*, titulado "Hilary Putnam: el entreveramiento de hecho y valor", Bernstein (2013) extiende el examen respecto de la objetividad vinculada con la *praxis* justificatoria de normas científicas, tanto como morales, a partir de la crítica de Putnam (2020) a la dicotomía hecho/valor; referencia la crítica que éste realiza a la articulación tripartita operada por los positivistas lógicos entre juicios putativos, analíticos y éticos, desestimando a estos últimos al considerarlos irrelevantes debido a su naturaleza no-cognitiva.

De esta suerte, afirma que la dicotomía hecho/valor se sustenta en la distinción aún más primaria entre "ser" y "deber", habiéndose establecido en forma predominante en las ciencias sociales, a fin de distinguir entre juicios cognitivos y juicios ético-políticos: "Pero muchos sostendrían que los juicios de valor son no-cognitivos: no son la clase de juicios que puedan ser verdaderos o falsos. A lo mucho, tales juicios no son nada más que la expresión de preferencias o actitudes individuales (o grupales). Son «meramente subjetivos»" (Bernstein, 2013, p.171). *El entreveresamiento de hechos y valores le sugiere a Putnam la existencia de valores epistemológicamente cognitivos que se inscriben normativamente en la práctica científica* misma: "Los juicios de 'coherencia', 'plausibilidad', 'razonabilidad', 'simplicidad' y lo que Dirac estupendamente llamó la 'belleza' de una hipótesis, son todos juicios normativos en el sentido de Charles Peirce, juicios de lo que 'debe ser' en el caso del razonamiento" (Putnam, 2002, p.31). Estos valores constituyen, entonces, juicios normativos necesarios para la evaluación de las pretensiones de verdad los argumentos, y, de hecho, son ellos mismos los que son susceptibles de ser revisados en el marco de la deliberación crítico-comunitaria, de modo que están también históricamente condicionados.

Además, Bernstein (2013) indaga sobre la situación de los valores ético-políticos, cuando la dicotomía descripción/prescripción es también cuestionada y, con ello, indica toda imposibilidad de escindir el componente descriptivo del valorativo en un enunciado: "Por supuesto, es cierto que hay algunos conceptos y oraciones que normalmente clasificamos como descriptivos y otros que tomamos por ser claramente prescriptivos o evaluativos (...) Pero estamos en el borde mismo de la malinterpretación si pensamos que existen y que deben existir componentes separables en todos los conceptos y juicios éticos" (Bernstein, 2013, p.175). Así, Putnam critica la comprensión generalizada según la cual la ciencia realiza juicios descriptivos, independientes de una perspectiva valorativo-normativa acerca de lo que el mundo debe ser; esto lleva a practicar una estrategia por la que le flexibilización de las dicotomías hecho/valor, ser/deber o descripción/prescripción conduce a rechazar el realismo metafísico, tanto como la posibilidad de una meta-perspectiva o "visión de Dios".

Por tanto, si no hay una diferencia sustantiva entre ciencia y ética, la objetividad no ha de identificarse con el polo ontológico-factual-descriptivo de la dicotomía, pues con la *praxis fronética* compatible con la deliberación acerca de los *nomoi*:

> Hay un lugar para la *phronésis* y el desacuerdo objetivo razonable. Este es una característica de la objetividad que resulta ser altamente relevante para los disputantes éticos y políticos, pero también tiene un lugar en las ciencias físicas. Más generalmente, la objetividad es compatible con el pluralismo (y el pluralismo no ha de ser confundido con el relativismo. (Bernstein, 2013, p.178)

La objetividad auto-implica pluralidad de valores, en un marco en el que no hay diferencia de *clase*, sino de *grado*, entre objetividad científica y moral:

> Incluso que en las ciencias «duras» existe una discusión en curso y un debate acerca de lo que constituye la objetividad y los estándares objetivos. Lo que contó como un hecho objetivo para Copérnico, Kepler o Galileo, no es lo que cuenta como un hecho objetivo hoy. Existen no sólo disputas en curso acerca de las hipótesis y teorías científicas, sino también disputas acerca de los estándares y los criterios de objetividad (Bernstein, 2013, p.179)

Así, Bernstein (2013) afirma que la objetividad no se encuentra subsumida a un criterio correspondentista-representacional que la fundamente, pues, *la objetividad se trataría de un logro que se halla en curso de alcanzar en un "espacio lógico de razones" en el que toda norma y estándar es falible y susceptible de reforma*: "While the dream of absolute objectivity is incoherent, there are human forms of objectivity and a plurality of ways to engage objectively with the world, all of which make inquiry meaningful and epistemically binding" (Hammer, 2017, p.141).

La tesis de Bernstein (1991, 2013), por tanto, consuma la posibilidad de pensar en el intervínculo ciencia-ética, en los términos en que la *objetividad plural* incluye (*lógica ambos/y*) el componente valorativo de los enunciados científicos, en un marco de deliberación fronética realizado por una *constelación plural* de investigadores, que se constituye en la unidad epistemológica más relevante para la comprensión de la estructura de la historia de la *praxis* científica.

BIBLIOGRAFÍA

Apel, K.-O. (1981). *Charles S. Peirce: From Pragmatism to Pragmaticism.* Amherst: University of Massachusetts Press.

Arriscado Nunes, J. (2015). El rescate de la epistemología. En M. M. de Sousa Santos., *Epistemologías del Sur* (pp. 219-244). Madrid: Akal.

Beauchamp, P. (1987). Ethical theory and the problem of closure. En J. Engelhardt, *Scientific Controversies (Case studies in the resolution and closure of disputes in science and technology* (pp. 423-451). USA: Cambridge University Press.

Bernstein, R. (1961). John Dewey's Metaphysics of Experience. *Journal of Philosophy(58)*, 5-14.

———. (1966). *John Dewey*. Nueva York: Washington Square Press.

———. (1971). *Praxis and Action*. Philadelphia: University of Pennsylvania Press.

———. (1976). *The Reconstructingof Socialand PoliticalTheory*. Pennsylvania: University of Pennsylvania Press.

———. (1983). *Beyond Objectivism and Relativism: Science, Hermenentics, and Praxis*. Philadelphia: University of Pennsylvania Press.

———. (1986). *Philosophical Profiles*. Philadelphia: Polity Press.

———. (1991). *The New Constellation*. Cambridge: Polity Press.

———. (2006). *The Pragmatic Century*. En S. F. Greeve Davaney, *The Pragmatic Century* (pp. 1-14). Albany: State University of New York Press.

———. (2010). *The Pragmatic Turn*. Cambridge: Polity Press.

———. (2013). *El giro pragmático*. México: Anthropos Editorial.

———. (2016). *Pragmatic Encounters*. Nueva York: Routledge.

———. (2017). Engage Fallibilistic Pluralism. En M. M. Craig, *Richard J. Bernstein and the Expansion of American Philosophy* (pp. 215-228). Lanham: Lexington Books.

———. (2018). *Más allá del objetivismo y del relativismo: ciencia, hermenéutica y praxis*. Prometeo: Buenos Aires.

Brandom, R., (1994) *Making It Explicit*. Cambridge: Harvard University Press.

Casey, E. (2017). Richard Bernstein and the Legacy of Pluralism. En M. M. Craig, *Richard J. Bernstein and the Expansion of American Philosophy* (pp. XXXVII-LI). Lanham: Lexington Books.

Craig, M., Morgan, M. (2017). *Richard J. Bernstein and the Expansion of American Philosophy*. Lanham: Lexinton Books.

Davidson, D., (1986) *A Coherence Theory of Truth and Knowledge*, pp. 307-319.

Descartes, R. (2010). *El discurso del método*. Madrid: Espasa Calpe.

———. (2010). *Meditaciones metafísicas*. Buenos Aires: Aguilar.

Feyerabend, P. (2018). Cómo defendera la sociedad contra la ciencia. En I. Hacking, *Revoluciones científicas* (pp. 294-314). Ciudad de México: FCE.

Flórez Quintero, D. (2020). El argumento de los intermediarios epistémicos. *Tópicos, (59)*, 89-119. https://doi.org/10.21555/top.v0i59.1100

Frega, R., Maddalena, M., Bernstein, R., (2014) "Interview with Richard J. Bernstein", *European Journal of Pragmatism and American Philosophy*, *6*(1)

http://journals.openedition.org/ejpap/517; DOI: https://doi.org/10.4000/ejpap.517

Gadamer, H.-G. (1975). *Truth and Method*. Nueva York: Seabury Press.

———. (1989). *Truth and Method*. Nueva York: Crossroad.

Geertz, C. (1966). The Impact of the Concept of Culture on the Concept of Man. *Bulletin of the Atomic Scientists, 22*(4), 2–8. https://doi.org/10.1080/00963402.1966.11454918

Green, J. (2014). *Richard J. Bernstein and the Pragmatist Turn in Contemporary Philosophy*. Nueva York: PALGRAVE MACMILLAN.

Greeve Davaney, S., & Frisina, W. (2006). *The Pragmatic Century*. Albany: State University of New York Press.

Hammer, E. (2017). *Reading Husserl without Cartesian Anxiety*. En M. M. Craig, *Richard J. Bernstein and the Expansion of American Philosophy* (pp. 141-156). Lanham: Lexington Books.

Hanson, N. (1977). *Patrones de descubrimiento*. Madrid: Alianza. (Obra original publicada en 1958)

Kragh, H. (1989). *Introducción a la historia de la ciencia*. Barcelona: Crítica.

Kuhn, T. (1970). *The Structure of Scientific Revolutions*. Chicago: University of Chicago Press.

———. (1970). Reflections on my Critics. En: I. Lakatos & A. Musgrave (Eds.), *Criticism and the Growth of Knowledge: Proceedings of the International Colloquium in the Philosophy of Science*, Londres, 1965 (pp. 231–278). Cambridge: Cambridge University Press.

———. (2004). *La estructura de las revoluciones científicas*. México: FCE.

———. (2013). *La estructura de las revoluciones científicas*. México: FCE.

Lakatos, I., Musgrave, A. (1965). *Criticism and the Growth of Knowledge*. Cambridge: Cambridge University Press.

Laudan, L. (1981). Peirce and the Trivialization of the Self-Corrective Thesis. Science and hypothesis. *Historical Essays on Scientific Methodology*, 225-252.

Lazo Briones., L. G. (2013). *Estudio introductorio*. En R. Bernstein, *El giro pragmático* (pp.IV-XXXII). Barcelona: Anthropos Editorial.

Long, C. (2017). *Pragmatism and the Cultivation of Digital Democracies*. En M. Craig, *Richard J. Bernstein and the Expansion of American Philosophy* (pp. 37-60). Lanham: Lexington Books.

Lorenzano, Pablo. (2008). Inconmensurabilidad teórica y comparabilidad empírica: el caso de la genética clásica. *Análisis filosófico, 28*(2), 239-279. Recuperado de: http://www.scielo.org.ar/scielo.php?script=sci_arttext&pid=S1851-96362008000200005&lng=es&tlng=es.

Lovejoy, A. (1961). *The Great Chain of Being: A Study of the History of an Idea*. Cambridge, Massachusetts: Harvard University Press.

Masterman, M. (1970). The nature of e paradigm. En I. Lakatos; A. Musgrave (Eds). *Criticism and the Growth of Knowledge*. Cambridge: Cambridge University Press.

McDowell, J. (1996) *Mind and World.* Cambridge: Harvard University Press

—. (2000) "Towards Rehabilitating Objectivity" en Brandom (ed.), 2000, pp. 109-122.

McMullin, E. (1987). *Scientific Controversy and Its Termination*. En H. Engelhardt, *Scientific Controversies (Case studies in the resolution and closure of disputes in science and technology*. USA: Cambridge University Press.

McNabb, D. (2018). *Hombre, signo y cosmos*. México: FCE.

Millet, J. (1998). *Comprensión del sentido y normas de racionalidad. Una defensa de Peter Winch. Revista Hispanoamericana de Filosofía, 30*(89), 45-93.

Misak, C. (1991). *Truth and the End of Inquiry: A Peircian Account of Truth.* Oxford: Clarendon Press.

———. (2007). *Pragmatism and Deflationism.* En C. (Misak, *New Pragmatists (*pp. *68-90).* Oxford: Oxford University Press.

Peirce, C. (1931-1935). *Collected Papers, vols. 1-5.* Cambridge: Harvard University Press.

———. (1992). *The Essential Peirce: Selected Philosophical Writings, Vol. 1: 1867-1893.* Bloomington: Indiana University Press.

———. (2012a). *Algunas consecuencias de cuatro incapacidades". C. S. Peirce, obra filosófica reunida (1867-1893).* Ciudad de México: Fondo de Cultura Económica.

———. (2012b). *Cómo esclarecer nuestras ideas.* Ciudad de México: Fondo de Cultura Económica.

———. (2012c). *Deducción, inducción e hipótesis.* Ciudad de México: Fondo de Cultura Económica.

———. (2012d). *La fijación de la creencia.* Ciudad de México: Fondo de Cultura Económica.

———. (2012e). *El pragmatismo como lógica de la abducción.* Ciudad de México: Fondo de Cultura Económica.

———. (2012f). *Qué es el pragmatismo.* Ciudad de México: Fondo de Cultura Económica.

———. (2002). *Abducción y retroducción.* Recuperado de: http://www.centro-de-semiotica.com.ar/abducc.html#ABDUCC

Popper, K. (1959). *The Logic of Scientific Discovery.* Nueva York: Basic Books.

———. (1957). *The povery of histonicism.* Londres: Routiedge & IKegan Paul

———. (1963). *Conjectures and Refutations: The Growth of Scientific Knowledge.* Londres: Routledge & Kegan Paul.

———. (1974). *Normal Science and its Dangers.* En I. M. Lakatos, *Criticism and the Growth of Knowledge* (pp. 51-58). Cambridge University Press.

———. (1980). *La lógica de la investigación científica.* Madrid: Tecnos.

Putnam, H. (2002). *The Collapse of the Fact/Value Dichotomy*. Cambridge: Harvard University Press.

Rorty, R. (1997). *What Do You Do When They Call You a 'Relativist'? Philosophy and Phenomenological Research,* (57), 173-177. https://doi.org/10.1177/0191453723121103

Sellars, M. (1997). *Empiricism and the Philosophy of Mind*. Cambridge: Harvard University Press.

Taylor, C., (2002) *Varieties of Religion Today*: *William James Revisited*, Cambridge: Harvard University Press

Shook, J. (2005). *The Dictionary of Modern American Philosophers, Volumes 1, 2, 3 and 4*. Bristol: Thoemmes.

Winch, P. (1958). *The Idea of a Social Science and Its Relation to Philosophy*. Londres: Routledge & Kegan Paul.

Wellmer, A., (2004) T*he Debate about Truth: Pragmatism without Regulative Ideas, trans*. W. Egginton», en W. Egginton y M. Sandbothe (eds.), *The Pragmatic Turn in Philosophy: Contemporary Engagements between Analytic and Continental Thought*, pp. 93-114, State University of New York Press, Albany, 2004.

Ynoub, R. (2015). *Cuestión de método. Aportes para una metodología crítica*. México: Cengage Learning.

Zambrana, R. (2017). *Bernstein's Hegel*. En M. M. Craig, Richard J. Bernstein and the Expansion of American Philosophy (pp. 123-140). Lanham: Lexington Books.

Made in the USA
Columbia, SC
27 February 2025

54509550R00054